中国博士后科学基金特别资助项目（2018T110486）、国家自然科学基金青年项目（71803082）、教育部人文社科基金青年项目（18YJC790098）联合资助

农户视角下的中国农村二元金融结构研究

Analysis on Rural Dual Financial Structure in China from the Perspective of Farmers

刘 丹／著

图书在版编目（CIP）数据

农户视角下的中国农村二元金融结构研究/刘丹著．—北京：经济管理出版社，2019.1
ISBN 978-7-5096-6315-8

Ⅰ.①农⋯　Ⅱ.①刘⋯　Ⅲ.①农村金融—经济结构—研究—中国　Ⅳ.①F832.35

中国版本图书馆 CIP 数据核字（2019）第 016541 号

组稿编辑：曹　靖
责任编辑：杜　菲　杨　帆
责任印制：黄章平
责任校对：陈　颖

出版发行：经济管理出版社
（北京市海淀区北蜂窝 8 号中雅大厦 A 座 11 层　100038）
网　　址：www.E-mp.com.cn
电　　话：(010) 51915602
印　　刷：北京玺诚印务有限公司
经　　销：新华书店
开　　本：720mm×1000mm/16
印　　张：12.25
字　　数：199 千字
版　　次：2019 年 3 月第 1 版　2019 年 3 月第 1 次印刷
书　　号：ISBN 978-7-5096-6315-8
定　　价：68.00 元

·版权所有　翻印必究·
凡购本社图书，如有印装错误，由本社读者服务部负责调换。
联系地址：北京阜外月坛北小街 2 号
电话：(010) 68022974　邮编：100836

前　言

2004~2018年，中央一号文件连续15年对农村金融发展做出明确批示：加快推进农村金融体制改革与创新，提高农村金融的服务质量和水平，发展多元化农村金融机构，鼓励民间资本进入农村金融服务领域。近年来，发展中国家的农村信贷市场效率非常低下，农户金融抑制的程度普遍相当严重。究其原因，最主要在于农村信贷市场的不完备和信息的高度不对称，同时我国农村农户也面临一定的信贷配给问题。我国农村非正规金融活动盛行，各类非正规金融组织应运而生，使农户被正规金融机构配给的资金得到满足，农村二元金融结构现象普遍存在。在这一背景下，对农村正规金融与非正规金融的系统研究具有重要的现实意义。

本书综合利用多个领域的研究成果，采用多重研究方法，在分析农村二元金融结构现状及特征的基础上，探讨非正规金融广泛存在的根源及由此形成的农村二元金融结构现象成因，同时从匹配经济学角度深入分析农村信贷市场上农户借贷匹配的决定因素，进而分析两者之间相互关系的实现及不同条件下相互关系的变化，结合国内外经验启示探讨两者之间的最佳联结模式、激励机制及制度安排。具体而言，本书主要从以下四个层次展开：其一，对二元金融结构现象成因进行理论回顾与评述，剖析农村二元金融结构形成的根源，结合理论分析并利用江苏省农村地区的调研数据实证检验了农村二元金融结构的存在是否有助于提高农户收入水平，进一步间接证实农村二元金融结构的存在具有一定的合理性。其二，构建正规与非正规借贷匹配的理论模型，并运用江苏省农村居民借贷的调查数据对农村居民借贷匹配的特点进行实证检验，同时，对农村二元金融结构市场中非正规借款和正规借款两种不同借款类型的农户进行区分,探究农村二元金融结构下农户的融资行为。其三,分析农村正规金融与农户拥有的标准信息禀赋之间的联系,以及农村非正规金融与农户社会资本特征之间的联系,并分别对两者相关性进行统计检验,创新性地建立两者的放贷选择线,由此阐述农村二元金融结构下正规金融与非正规金融相互关系的区域变动。其四,从理论和实证角探讨垂直联结模式的实践及效应,设计农村金融联结的激励机制,并提出相应的制度安排,以促使正规金融的资金优势和非正规机构的信息优势更好地结合起来,达到多方共赢的局面。

本书运用定量分析与定性分析、理论研究和实证研究相结合的研究方法,通过实地调研数据以及典型案例,对农村二元金融结构问题进行深入分析。首先,利用小农命题的经典理论对农村二元金融结构现象成因进行分析,并通过实地调研数据,采用偏差修正的模型实证分析了农村二元金融结构现象存在的合理性。其次,利用匹配经济学理论分析农村二元金融结构下农户借贷匹配的决定因素,并通过农村居民借贷的实地调研数据,采用有序多分类模型对农村居民借贷匹配的特点进行实证检验。再次,利用金融市场相互关系的理论阐述,通过相关性统计检验建立农村正规金融与非正规金融的放贷供给曲线及不同条件下的放贷供给区域,可描绘出两者之间的相互关系及不同条件下相互关系的区域变动,以此探讨现有农村金融供给体系的运行效率与不足。最后,利用金融联结理论,通过建立理论模型,分别分析垂直联结模式和水平联结模式的信贷市场效率,并回答了在农村金融联结模式中,相较于水平联结,垂直联结下的市场效率最优。

此外,本书从一个全局性视角来全面分析农村二元金融结构问题,使以往相对零散的研究系统化。具体创新有:第一,基于我国农户的特殊性,主要从内部原因角度对非正规金融的产生提出一个解释,旨在阐明非正规金融形成的根本原因及其形成农村二元金融结构现象的原因。第二,从匹配经济学这一新视角实证考察农户借贷匹配的决定因素,相较于以往研究,在研究视角和研究方法上均有所创新。第三,对于正规金融与非正规金融相互关系的研究尚处于现象描述层面,本书利用农户微观调查数据创新性地构建了正规金融与非正规金融两者的放贷选择线,体现农村金融市场的供给情况,拓展农村金融市场领域的研究思路。第四,对于农村正规金融与非正规金融联结问题的研究,现有的理论大多是认识到正规金融与非正规金融市场之间存在水平联结和垂直联结两种模式的事实，而鲜有研究对其进行深入分析。本书从理论上分析两类联结模式的信贷市场效率，是对该研究领域理论的拓展。

研究结果显示，正规金融与非正规金融部门之间的联结合作是合理且有效的，可以增加农村资金的供给，扩展农村金融服务的边界。为此，中国应基于其他国家的成功实践经验，通过制度创新推行金融联结：构建正规金融与非正规金融两部门并存的农村金融体系，改变正规金融机构所持有的传统观念，重视微观结构设计并基于不同地区差异来实施有效的金融联结。据此，从农村金融联结中联结主体的选择、贷款利率、贷款规模、联结期限、奖罚机制、风险控制机制及利润分配方案的确定方面设计金融联结的激励机制，提出确定非正规金融的合法地位、对不同的农村非正规金融区别对待、构建非正规金融制度体系、建立与二元金融体系相配套的监管体系以及构建正规金融与非正规金融共享的信用体系的政策建议。

最后，向为编写提供帮助的朋友致以诚挚的谢意，感谢他们为本书的编写付出了帮助与心血。由于作者水平有限，编写时间仓促，所以本书中的错误与不足之处在所难免，恳请广大读者批评指正。

刘　丹

2018 年 10 月 1 日

目 录

第1章 绪论 ··· 1

    1.1 问题提出与研究意义 ·· 1

    1.2 研究目标和内容 ·· 6

    1.3 技术路线 ·· 8

    1.4 研究方法和数据来源 ·· 9

    1.5 研究范围和基本概念界定 ·· 10

    1.6 可能的创新与不足 ·· 12

第2章 文献回顾及分析框架 ··· 15

    2.1 文献回顾 ·· 15

    2.2 分析框架 ·· 20

第3章 农村二元金融结构现状及特征分析 ························ 37

    3.1 引言 ·· 37

    3.2 农村二元金融结构：一个发展中国家的普遍现象 ······· 37

    3.3 我国农村二元金融结构现状 ·································· 41

    3.4 本章小结 ·· 61

第4章 农村二元金融结构现象成因及存在的合理性 ………… 64

4.1 理论回顾与评述 ……………………………………… 64
4.2 农村二元金融结构形成的根源：基于农户视角 ………… 66
4.3 农村二元金融结构存在的合理性：理论与实证分析 …… 72
4.4 本章小结 ……………………………………………… 79

第5章 农村二元金融结构下农户的融资行为分析：基于借贷匹配视角 …… 81

5.1 数据来源与调查说明 ………………………………… 81
5.2 农户融资行为特征描述 ……………………………… 82
5.3 农村二元金融结构下农户借贷匹配决定因素分析 …… 86
5.4 本章小结 ……………………………………………… 100

第6章 农村正规金融与非正规金融之间的相互关系形成及区域变化 …… 102

6.1 引言 …………………………………………………… 102
6.2 农村正规金融与非正规金融的相互关系 ……………… 102
6.3 农村正规金融与农村非正规金融相互关系的形成 …… 108
6.4 农村正规金融与非正规金融相互关系的区域变化 …… 113
6.5 本章小结 ……………………………………………… 121

第7章 农村正规金融与非正规金融联结的经验考察及制度安排 …… 122

7.1 引言 …………………………………………………… 122
7.2 农村二元金融共存结构下各主体决策行为及期望收益的
    理论分析 ……………………………………………… 123
7.3 金融联结的理论机理 ………………………………… 126
7.4 正规金融与非正规金融联结的效率分析：一个理论模型 …… 130
7.5 农村正规金融与非正规金融联结模式的实践及效应分析 …… 137
7.6 农村金融联结激励机制设计与制度安排 ……………… 143
7.7 本章小结 ……………………………………………… 149

第8章 结论及未来展望 ··· 150

　8.1　结论 ·· 150

　8.2　未来研究展望 ·· 155

附录 ··· 156

参考文献 ·· 166

后记 ··· 181

第1章 绪论

1.1 问题提出与研究意义

1.1.1 问题提出

2004年以来,中央一号文件连续对农村金融发展做出了明确批示。① 但近30年来,发展中国家的农村信贷市场效率非常低下,农户金融抑制的程度普遍相当严重(Stiglitz 和 Weiss,1990;Milde 和 Riley,1988;Anjini 和 Kochar,1997;Foltz,2004;Jeremy,2004;Li 和 Zhu,2010)。之所以如此,最重要的原因就在于农村信贷市场的不完备和信息的高度不对称(李庆海、李锐和汪三贵,2012)。同样,我国农村农户也面临一定的信贷配给问题(李锐和朱喜,2007;刘西川和程恩江,2009;程郁等,2009;褚保金等,2009)。我国农村非正规金融活动盛行,各类非正规金融组织应运而生,使农户被正规金融机构配给的资金得到满足,农村二元金融结构现象普遍存在,在此背景下,对农村二元金融结构进行研究具有重要的现实意义。

---

① 加快推进农村金融体制改革与创新,提高农村金融的服务质量和水平,发展多元化农村金融机构,鼓励民间资本进入农村金融服务领域。

在我国，农村正规金融和非正规金融并存的现象十分普遍，那么，农村二元金融结构现象形成的深层次原因是什么？影响农村正规和非正规信贷市场上农户借贷匹配的决定因素有哪些？农村正规金融与非正规金融部门之间存在着怎样的关系？不同条件下相互关系是如何变化的？农村正规金融与非正规金融的合作是否较之相互独立对参与各方会产生更好的收益？如何实施两部门之间的联结？它们之间最佳的联结模式是什么？等等。

根据大多学者的研究发现，被调查的农户不论从农户借贷频率上进行分析，还是从借贷农户的数量上进行比较，都倾向于向非正规金融渠道借贷。朱信凯和刘刚（2009）的研究发现，60%的农户从非正规金融市场融资，而从正规金融市场融资的农户仅占6%。根据江西、湖南两省农调队的调查显示，被调查的农户中仅有4.9%~5.9%的农户可从正规金融机构获取贷款。马晓青、朱喜和史清华（2010）通过意愿调查发现，80%以上的农户在面临资金需求时首先求助于非正规渠道。同时，刘西川等（2009）对贫困地区820个样本农户的调查发现，样本农户中仅有16.7%的农户获得正规金融部门的贷款。这从侧面反映了虽然农村信用社一直被确立为农村地区金融市场的"主力军"，但仍然不能满足农户对资金的需求，从而非正规金融成为满足农户资金需求的主要方式，这一现象已成为一种客观事实。同时，非正规金融的形成与繁荣也从侧面反映出正规金融组织弱化农村信贷服务功能的结果（史清华和卓建伟，2003），两者并存的二元化结构是我国农村金融体制的主要特征（朱信凯和刘刚，2009）。可见，农村非正规金融的存在以及由此形成的二元金融结构①问题不得不引起我们关注。

在大多数发展中国家，农村正规信贷市场都是人们关注的焦点，也占据着信贷市场的主体地位。然而，正规信贷市场也存在无法解决的问题——信息不对称带来的低效率融资。正规信贷市场的交易双方——贷款者和借款者之间存在着不对称信息，而由于信息不对称往往存在道德风险和逆向选择问题，两者都会降低

---

① 现阶段我国农村具有鲜明的二元金融结构：一方面，遍布全国的国有银行、商业银行和拥有现代化管理技术的外国银行分支机构组成一个有限且有组织的金融市场；另一方面，传统的、小规模经营的非正规金融组织广泛存在于经济的各层次（高艳，2007）。具体见文中有关"农村二元金融结构"的概念界定。

信贷市场的效率，导致信贷配给和信贷市场失灵。为了解决信息不对称带来的信贷市场失灵，常见的办法就是在贷款时要求提供抵押担保品。然而，在发展中国家，农户恰恰缺乏足够的抵押担保品。他们的融资需求因为不能在正规信贷市场上得到满足，只好转向非正规信贷市场融资。这为非正规信贷市场的存在提供一定的市场空间。

那么，是什么因素造成我国农村金融市场的二元结构特征？大多数学者与政策当局认为，农村金融市场的正规与非正规金融的二元结构特征正是由发展中国家广为实行的金融抑制政策造成的，其政策含义是，只要消除金融抑制政策，非正规金融就会自然消亡，转化为正规金融。然而，在发达国家农村金融市场中仍然在一定范围内存在着非正规金融，表明即使在消除金融抑制政策且正规金融体系运行良好的发达国家仍然存在着非正规金融。从中国台湾的经验来看，20世纪90年代以来，在迈向工业化的发展进程中，非正规金融借贷总体呈现出景气循环似的波动，并没有出现下滑的趋势（罗家德，2001）。Steel 等（1997）对非洲国家的研究表明，在金融自由化后，非正规金融部门并没有消亡，反而得到了进一步的发展。可见，非正规金融必然具备其自身内在的生存机制，使其在不存在金融抑制的情况下于某些方面与正规金融相比仍具有优势。"存在即是合理"①，因此，探究农村非正规金融产生的根本性原因，进而对农村二元金融结构现象进行解释，便成为本书研究的逻辑起点。

在农村正规和非正规信贷市场具有存在的理由和价值的情况下，我国要建立健全农村信贷市场体系，提高农村信贷市场资金配置效率，就必须同时发展和提高农村正规和非正规信贷市场效率。然而，农村由农户这一最基本单位组成，农户也是农村信贷市场的参与主体，要提高农村正规和非正规信贷市场资金配置效率，首先就必须了解农户在农村信贷市场的借贷匹配情况，只有如此，才能准确而合理地把握中国农村信贷市场的合理配置情况。因此，研究农村二元金融结构下不同类型借款者（农户）与不同类型贷款者（正规与非正规金融组织）借贷匹配的决定因素就显得至关重要。

---

① "存在即是合理"出自德国哲学家黑格尔（Hegel，1770～1831）《法哲学原理》以及《小逻辑》中的一句话，原文译文是："凡是合乎理性的东西都是现实的，凡是现实的东西都是合乎理性的。"

由于非正规金融市场缺乏官方的认同，它通常被认为是不符合经济发展需要且低效率的，因此人们更多的是考虑如何通过立法或其他手段来消除非正规金融，而不是研究其存在和发展的基础。但农村非正规金融却在政策的多次打压与取缔下异军突起，成为农村金融市场上农户信贷资金需要的重要组成部分，其存在和发展的实践表明，对其不符合经济需要和低效率的假设需要重新思考。同时针对农村金融市场上正规金融所存在的问题和不足，让农村非正规金融形式浮出"水面"，与正规金融形式一道共同构建农村信贷体系，为未来农村信贷市场改革的方向。农村金融市场改革的方向应是充分利用正规金融和非正规金融安排的优势，积极促使正规金融与非正规金融的联结。因此，进一步研究非正规金融与正规金融的相互关系，以及两者共存形式下的经济效率问题便成为本书研究的另一个重要问题。

相对于城市信贷需求主体，农户具有自身特殊的性质，使其不能更好地从正规金融部门获取信贷需求。同时，农户与正规金融部门之间缺乏有效的抵押、担保等能够有效缓解信息不对称的工具，正规金融往往会采取信贷配给政策（Stiglitz，2000）。遭受信贷配给的借款者不得不寻求非正规金融的支持，进而使得正规金融与非正规金融同时并存的分层市场结构特征（Bell，1990）。非正规金融部门之所以能够满足正规金融部门所没有的部分信息优势，在于其能够很好地甄别信贷需求主体且能够接受一些正规金融部门不能接受的抵押物。因此，两者同时存在形成典型的农村二元金融结构。由于正规金融与非正规金融各自具有一定的比较优势及不同的服务对象会产生一定的互补关系，而两者在产品、利率、资金及贷款主体等问题上又会产生一定的竞争关系，同时，两者如果能够开展有效的合作会产生良好的经济效应，非正规金融可以利用其信息优势降低其融资成本，而正规金融可利用非正规金融的信息优势得以拓展市场。从深化的角度看，人们对非正规金融的感知在不断变化。中国官方已经承认，浙江等地区非正规金融的发展对浙江地区经济发展起到了至关重要的支持作用。此外，越来越多的金融业界人士也认识到，其实非正规金融是金融的最初形式，且其往往为金融创新的源泉。在现阶段，商业银行在因水平竞争模式而难以持续发展、乡村中介受压制、新型农村金融机构功能不足、效果不理想等情况下，农村农户融资难问题依然未得到解决（刘西川等，2009）。为此，可考虑利用农村正规金融与非正规金融两者的优势,以金融联结形式扩大农村资金规模,扩展金融服务边界。因此,将非正规金融与正规金融同时纳入农村金融体系并将两者进行有效的联结就显得尤为重要(吴成颂,2009)。基于上述背景,尝试探究金融联结的激励机制及制度安排便成为本书研究的又一重要问题。

围绕上述问题,本书将综合利用多个领域的研究成果,采用多重研究方法,在分析农村二元金融结构现状及特征的基础上,探讨非正规金融广泛存在的根源及由此形成农村二元金融结构现象的原因,同时从匹配经济学角度深入分析农村信贷市场上农户借贷匹配的决定因素,并进而分析两者之间相互关系的实现及不同条件下相互关系的变化,最后,结合国内外经验启示探讨两者之间的最佳联结模式、激励机制及制度安排。

1.1.2 研究意义

就理论意义而言,本书探究农村二元金融结构现象形成的根源,构建两者共存的农村金融体系,这将从理论上重新论证非正规金融的地位和作用,理解两者的相互关系及不同相互关系对市场效率的影响,将丰富学术界在农村金融理论方面的研究。

就实践意义而言,本书分析农村二元金融结构下正规金融与非正规金融的借贷匹配行为、相互关系、联结效率,探讨农村金融联结的激励机制,及如何有效促使正规金融的资金优势和非正规金融的信息优势更好地结合起来,对于政府规范农村金融市场、制定相应的政策具有参考意义。

因此,我们有理由相信,本书的研究将有助于在理论上拓展金融发展理论研究的广度和深度;在实践上,也有利于更好地规范非正规金融活动,使正规金融充分利用非正规金融的优势,完善现有的农村金融体系,探索一个二元共生、优势互补的农村金融市场,将使其更好地为农村发展服务。

1.2 研究目标和内容

1.2.1 研究目标

本书的总目标是探索一个二元共生、优势互补的农村金融体系，旨在增加农村金融供给、解决农户融资难问题，更好地为农村地区提供金融服务。本书具体的研究目标归纳为以下四点：

（1）推断出中国农村二元金融结构存在的内在逻辑及客观必然性。

（2）考察影响农村正规金融和非正规金融市场下农户借贷匹配的决定因素。

（3）探讨农村正规金融和非正规金融两者相互关系的形成及区域变动。

（4）考察正规金融和非正规金融联结的效率及实践经验，并对此提出相应的制度安排。

1.2.2 研究内容

对应于研究目标，本书的核心内容如下：

第一部分——农村二元金融结构现象成因及存在的合理性分析。认识中国农户的性质、行为及其制度环境是探讨二元金融结构问题的逻辑起点。对此，在阐述农村二元金融结构问题成因之前，首先，对二元金融结构现象成因进行理论回顾与评述；其次，对"小农命题"与中国农户的特殊性进行阐述，在此基础上剖析农村二元金融结构形成的根源；最后，结合理论分析并利用江苏省农村地区的调研数据实证检验农村二元金融结构存在是否有助于提高农户收入水平，进一步间接证实农村二元金融结构的存在具有一定的合理性。

第二部分——农村二元金融结构下农户的融资行为研究。该部分将基于 Sanchez – Schwarz（1996）和 Gajanan（2005）的分析框架，构建正规与非正规借贷匹配的理论模型，并运用江苏省农村居民借贷的调查数据对农村居民借贷匹配的特点进行实证检验。同时，本书将区分农村二元金融结构市场中非正规借款和正规借款两种不同借款类型的农户，从而探究其借贷匹配的决定因素，以便从匹配经济学角度深入认识农户的借贷行为，并为农村金融市场上农户的借贷行为提供理论依据和经验支持，是理解农村正规金融与非正规金融彼此放贷选择及相互关系的前提。

第三部分——农村正规金融与非正规金融之间的相互关系及区域变化研究。对正规金融与非正规金融之间相互关系的了解决定理论界和决策层对非正规金融部门的态度及应采取的政策措施，因此，全面系统地理解两者之间的相互关系是制定正确金融政策的关键。本部分内容在前文研究的基础上，首先通过分析农村正规金融与农户拥有的标准信息禀赋之间的联系，以及农村非正规金融与农户社会资本特征之间的联系，并分别对两者相关性进行统计检验，创新性地建立两者的放贷选择线，由此阐述农村二元金融结构下正规金融与非正规金融相互关系的区域变动。

第四部分——农村正规金融与非正规金融联结的经验考察及制度安排。以上部分研究可表明正规金融和非正规金融各自具有比较优势，从而强调正规金融和非正规金融的联结。在正规金融与非正规金融之间建立一个能够发挥各自所长的平台，积极促进两者的合作。在此基础上，本部分首先从理论上分析农村正规金融与非正规金融共存结构下各个主体的决策行为和期望收益，并通过构建模型分析金融联结中两类联结模式（水平联结和垂直联结）的信贷市场效率，进一步讨论垂直联结模式的实践及效应，在此基础上，设计农村金融联结的激励机制，并提出相应的制度安排，以促使正规金融的资金优势和非正规机构的信息优势更好地结合起来，达到多方共赢的局面。

1.3 技术路线

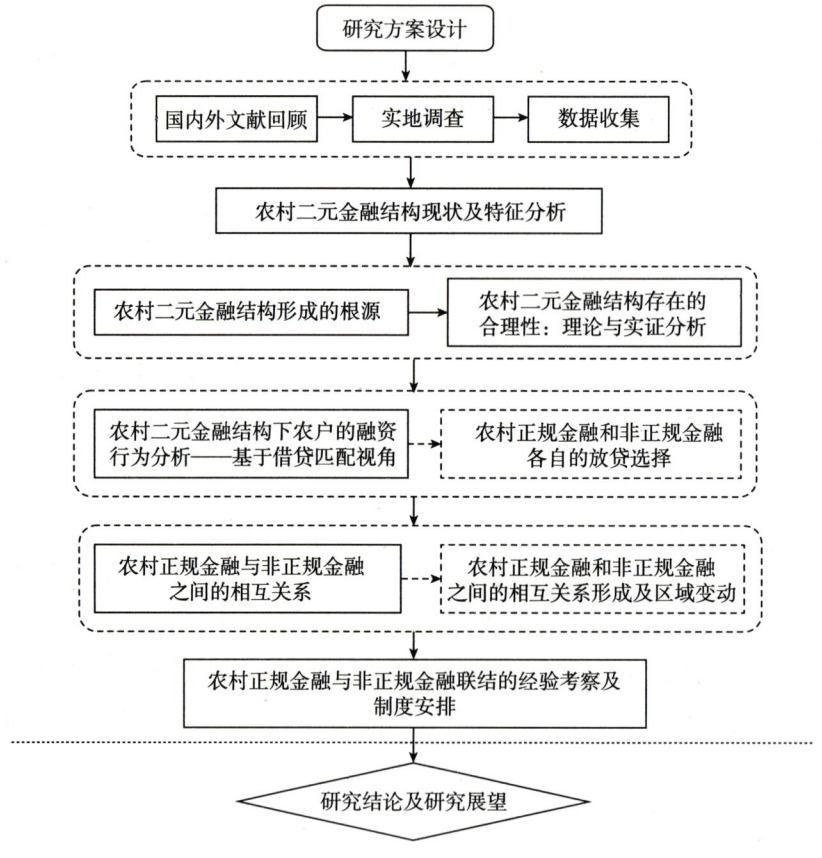

图1-1 本书的技术路线

1.4 研究方法和数据来源

1.4.1 研究方法

本书运用定量分析与定性分析、理论研究和实证研究相结合的研究方法，通过实地调研数据以及典型案例，对农村二元金融结构问题进行深入分析。主要研究方法如下：

（1）利用"小农命题"的经典理论对农村二元金融结构现象的成因进行分析，并通过实地调研数据，采用偏差修正的 Match 模型实证分析农村二元金融结构现象存在的合理性。

（2）利用匹配经济学理论分析农村二元金融结构下农户借贷匹配的决定因素，并通过农村居民借贷的实地调研数据，采用有序多分类 Logit 模型对农村居民借贷匹配的特点进行了实证检验。

（3）利用金融市场相互关系的理论阐述，通过相关性统计检验建立农村正规金融与非正规金融的放贷供给曲线及不同条件下的放贷供给区域，可描绘出两者之间的相互关系及不同条件下相互关系的区域变动，以此探讨现有农村金融供给体系的运行效率与不足。

（4）利用金融联结理论，通过建立理论模型，分别分析垂直联结模式和水平联结模式的信贷市场效率，并回答在农村金融联结模式中，相较于水平联结，垂直联结下的市场效率最优。

1.4.2 数据来源

本书数据主要来源于以下两个方面：

（1）宏观层面数据主要来自于《中国统计年鉴》《中国农业年鉴》《中国金融年鉴》《全国农村社会经济典型调查数据汇编（1986～1999年）》《全国农村固定观察点调查数据汇编（2000～2009年）》《中国农业发展报告》《中国农村

经济绿皮书》，及转引相关文献中的调查数据及调查研究结论。

（2）微观层面数据主要来自于"江苏农村金融发展报告"课题组于2012年7～8月对江苏农村地区居民融资行为的入户调查。

1.5 研究范围和基本概念界定

1.5.1 研究范围的界定

本书主要从农户视角来研究农村二元金融结构的成因、关系及联结问题。其中，农村二元金融指农村正规金融和非正规金融。在农村信贷市场上，主要参与者为农户、农村中小企业等，但本书仅仅从农户视角来切入农村二元金融结构问题。从农户视角研究农村二元金融结构问题符合我国农村实际情况，主要是基于目前农村中小企业的融资决策跟农户融资决策具有较强的相似性，并且农村大多数企业本身就是由农户自己创办的。此外，对于中小企业融资方面的相关研究国内外学术界已获得大量成果，而从农户视角专门对农村二元金融结构问题进行研究的文献却不多见。"以农户家庭为初始禀赋点的农村圈层结构是我们研究中国农村金融制度的一个逻辑基点"（张杰，2003）。那么，为了突出重点，本书仅仅从农户这一视角来切入中国农村二元金融结构问题。

1.5.2 基本概念界定

需要说明的是，我们认为农户有两种可供选择的贷款途径——农村正规金融市场和农村非正规金融市场。

本书中的农村正规金融包括国有商业银行、政策性银行、合作制性质的农村信用社、农村合作银行和农村商业银行及近年出现的新型农村金融机构①等。

---

① 新型农村金融机构包括村镇银行、贷款公司、农村资金互助社等。

相较于正规金融机构而言，本书中的农村非正规金融①是指农村中非法定的金融机构提供的间接融资及直接融资②（郭沛，2004）。按照这一定义，农村非正规金融一般可以划分为三个层次：一是农户之间发生的互助性的无息借贷；二是农户和农村企业之间发生的有息甚至高息融资活动；三是以农村非正规金融组织为中介的融资活动。需要进一步说明的是，非正规金融虽然处在金融主管部门监管之外，但其存在具有经济上的合理性，在一定程度上是顺应市场经济发展需要形成的，因此，它不同于黑色金融③。

本书中的"农村二元金融结构"，即农村金融二元性，是基于麦金农（McKinnon，1973）的二元金融结构理论对其进行界定。麦金农认为，金融抑制为发展中国家普遍存在的现象，而在金融抑制下金融体系普遍呈现出"二元"状态：一是有组织的现代金融机构，包括遍布全国的国有银行、商业银行及外资银行分支机构等；二是广泛存在的非正规金融组织，包括银背、私人钱庄及典当行等。因此，本书中"农村二元金融结构"是指在农村金融市场上正规金融与非正规金融分割与并存所呈现出的"二元"状态。

本书中的借贷匹配被定义为将某类借款者分配给某类贷款者的函数，当借款者可以以低成本参与交易，同时贷款技术的某些特性允许贷款者以较低的成本来筛选其借款者时，借贷匹配就产生了（Gajanan Joshi，2005）。借贷匹配是一个帕累托不断调整的过程，借贷双方在一定的约束条件下，某一类型借款者匹配给某一类型贷款者的过程。在农村信贷市场上，当借款者拥有的某类信息禀赋能使其以较低成本获取借款，与此同时，与其相对应的某类贷款者结合自身比较优势，

---

① 按照亚洲发展银行（1990）的定义，非正规金融是不受政府对于资本金、储备和流动性、存贷利率限制、强制性信贷目标以及审计报告等要求约束的金融部门。国内学术界常将非正规金融称为民间金融。

② 其主要形式包括自由借贷、合会、银背、私人钱庄、农村合作基金会、典当业信用、民间集资和其他民间借贷组织。其中，合会在国外被称为轮转基金（Rotating Savings and Credit Association，ROSCA）。

③ 黑色金融即违法金融、犯罪金融，其存在的基础纯粹是犯罪行径和恶性投机的需要，为任何体制下的法律和道德规范所不容，如金融诈骗以及带有明显黑社会性质的地下洗钱等金融行为（对于参与赌博、贩毒、洗钱等地下违法交易活动的黑色金融活动既不能得到现行制度规则的许可，更不具有经济合理性，不是本书要论述的范围）。因此，本书中的非正规金融与黑色金融无论如何不是一回事，它是与从事正当交易的经济活动相联系的，而那些涉嫌参与洗钱、地下经济等的非法金融行为，不是本书涵盖的范围。

选择相应的信贷合约（即贷款技术），使其能够以低成本监督并甄别借款者时，借贷匹配得以形成，借贷双方的总收益达到最大，有利于提高农村信贷市场的效率。

本书中的相互关系即农村正规金融与非正规金融之间的相互关系，主要是依据借款者所拥有的标准信息禀赋和社会资本水平进行划分，从而形成两者相互竞争、互补、分割以及缺口四种情形。其中，在标准信息禀赋和社会资本仅有一方面表现优越时，两者体现出分割关系；在具有较高标准信息禀赋和丰富的社会资本农户群体中，非正规金融和正规金融体现出竞争或互补关系；对于标准信息禀赋和社会资本都欠缺的农户群体，农村正规金融机构与非正规金融部门都不愿放贷，从而造成整个农村金融体系中的缺口。

本书中的金融联结（Financial Linkage）是指通过某种途径把正规金融的资金优势和非正规金融的信息优势结合起来，从而更好地向农村地区提供金融服务。在金融联结下，非正规金融在正规金融与农户之间充当着中介人的角色。非正规金融与正规金融联结合作可以解决正规金融机构对借款者的道德风险和逆向选择问题，简化交易程序，降低交易成本，并且使非正规金融克服资金少、规模小的不足。因此，金融联结不仅有助于缓解农村地区贷款难，更能够在一定程度上减轻农村地区金融抑制问题。需要说明的是，在本书中的金融联结主要侧重于垂直联结模式。

1.6 可能的创新与不足

1.6.1 可能的创新

本书从一个全局性视角来全面分析农村二元金融结构问题，使以往相对零散的研究系统化。具体创新如下：

第一，已有的研究总是先入为主地强调农村正规金融既定条件下非正规金融的情况，往往把农村非正规金融的兴起归因为农村正规金融的缺失，农村信贷需求主体强大的贷款需求。这种将正规金融既定条件下非正规金融存在的前提会大大忽视了农村金融的一些深层特性，也就必然容易得出似是而非的结论——非正规金融存在不合理。同时，由于我国农户具有特殊性，现有观点并不能用来解释我国农村非正规金融形成的根本原因，未能解释其中的逻辑。为此，如果离开我国农村社会的背景以及农户特性去讨论我国农村二元金融结构问题，就难以清晰地认识到产生农村二元金融结构现象的深层次原因。因此，本书意图在于还农村非正规金融的本来面目，基于我国农户的特殊性出发，主要从内部原因角度对非正规金融的产生提出一个解释，旨在阐明非正规金融形成的根本原因及其形成的农村二元金融结构现象成因。

第二，针对农村信贷市场上借贷问题的研究，大多数学者对其进行了实证分析，但其研究鲜有考虑借贷中的匹配关系。本书从匹配经济学这一新视角实证考察农户借贷匹配的决定因素，相较于以往研究在研究视角和研究方法上均有所创新。

第三，对于正规金融与非正规金融的相互关系的研究尚处于现象描述层面，本书利用农户微观调查数据创新性地构建正规金融与非正规金融两者的放贷选择线，由此描绘农村两元金融结构下正规金融与非正规金融相互关系及不同条件下二者关系的变动，从而体现农村金融市场的供给情况。该内容具有一定的创新性，是对农村金融市场研究领域思路的拓展。

第四，对于农村正规金融与非正规金融联结问题的研究，现有的理论大多是认识到正规金融与非正规金融市场之间存在水平联结和垂直联结两种模式的事实，而鲜有研究对其进行深入分析。为什么会存在这两种模式？这两种模式对信贷市场效率会有什么影响？哪一种联结模式信贷市场的效率会更优？本书从理论上分析两类联结模式的信贷市场效率，是对该研究领域理论的拓展。

1.6.2 可能的不足

本书可能的不足主要有以下几个方面：

（1）本书中涉及的部分调研数据是采用农户意愿调查方法，毕竟不是客观数据，因此结论可能存在偏差。

（2）同时，本书中实证分析指标的设计难免受数据获取性的限制，研究的结果可能存在偏颇和侧重的问题。

（3）本书可以深化的一个重要方面是从制度变迁角度深入剖析农村金融结构的历史演变，而由于篇幅受限，本书并未进行深入探讨。

由于能力和时间的限制，本书的研究还存在不够深入、系统等问题，这有待在今后的进一步研究中加以改进。

第 2 章 文献回顾及分析框架

2.1 文献回顾

学术界对于二元金融结构问题的研究主要涉及以下几个方面:

2.1.1 二元金融结构的成因

对于二元金融结构的成因,国内外主要存在两种观点:一种观点认为二元金融结构的出现是由于政府实施的利率管制等政策所造成的;另一种观点认为二元金融结构是由市场信息不对称以及筛选、监督、合约交易成本等方面差异所产生的。第一种观点的代表是金融抑制假说(McKinnon,1973);第二种观点的代表是非对称信息和交易成本假说。

1. 金融抑制假说

金融抑制假说认为发展中国家二元金融结构存在的成因是由政府的压制所导致的(Roe,1990)。McKinnon(1973)和 Shaw(1973)提出了"金融抑制"这一概念,认为发展中国家政府对金融市场实施了广泛的干预(称为金融抑制),非市场化形成的资金价格(利率)使资金供给难以满足资金需求,从而影响经济增长。正规金融机构贷款在政府干预下以人为规定利率提供给政府希望优先发展的部门,而经济系统中的其他产业部门很难或无法获得正规金融机构贷款,只能从其他渠道获得资金。与正规金融相对应,将这些其他渠道称为非正规金融,由此非正规金融的发展形成二元金融结构。

McKinnon 和 Shaw 认为,在发展中国家,其利率管制政策是导致经济增长受阻的主要因素。为此,他们建议应取消金融体系的管制政策,实行金融自由化政策。金融自由化将促使金融深化,借贷利差缩小导致的效率提高和资金在不同市场上的高度流动,将有助于经济增长。

McKinnon 认为,发展中国家居民基于预防动机的储蓄主要通过银行这一金融中介采取货币形式。银行体系作为金融中介在发展中国家常常是缺乏效率的,原因是金融抑制,利率上限和严格的抵押要求迫使银行资金配给在安全、低收益的项目上;金融抑制的另一种形式是出于财政动机的高准备金要求。由于上述两个原因,银行通常对储蓄支付低利率。

因此,McKinnon 等金融自由化坚持者认为,发展中国家的二元金融结构现象是金融抑制造成的,金融自由化就是克服这种落后的结构,因而当分析金融自由化时,这种特征就被忽略。

2. 非对称信息和交易成本假说

与金融抑制论尝试从经济体制、政府政策角度出发分析二元金融结构现象的成因不同,非对称信息和交易成本假说认为发展中国家二元金融结构产生是由于信息不对称以及筛选、监督、合约交易成本等方面差异所产生的(Hoff 和 Stiglitz,1997)。由于信息不对称所导致的逆向选择与道德风险问题,会造成市场失灵并破坏金融市场运行秩序,导致利率失衡,从而影响到金融资产的市场风险组成(Stiglitz 和 Weiss,1990)。由于考虑到风险因素,单纯提高贷款利率会进一步提高借款者的违约可能;而通过信贷配给则可以预防逆向选择效应和激励效应,对借款者进行分类和筛选,达到贷前防范风险的目的。因此,当存在过度的资金需求时,贷款者可能会采取非利率手段,求助于非价格配给方式,从而使信贷配给即使不存在利率限制情况下,也能够实现市场均衡(Stiglitz,2000),即非正规金融的根源并不完全是金融抑制。林毅夫和孙希芳(2005)通过构建金融市场模型,该模型中包括异质性的借款者和贷款者,他们研究认为非正规金融具有收集关于借款者"软信息"方面的优势,证明了非正规金融的存在可以改善借款者融资难的困难,进而有效提高资金配置效率。由于正规金融市场存在信息不对称，从而导致逆向选择和道德风险问题，而非正规金融能够克服该方面问题，具有一定的信息优势，从而导致二元金融结构的存在。张建军等（2002）、刘民权等（2003）、姜海军等（2006）也持有相同的观点。

2.1.2 正规金融与非正规金融的作用

二元金融结构下正规金融与非正规金融的作用如何？Bell（1990）通过比较印度农村信贷市场上正规金融与非正规金融之间的相互作用，得出正规金融市场在农村金融体系中占主导地位的论断。Stiglitz 和 Weiss（1990）的研究表明，在信贷市场上，正规金融通过非正规金融的桥梁作用，有效利用非正规金融的信息优势规避了自身可能存在的风险，同时非正规金融也实现了自身规模的扩张，因此两者实现了共同发展。在此基础上，Anderson 等（2006）通过建立策略互动模型，发现正规金融可通过共同融资利用非正规金融的信息优势筛选借款者，同时非正规金融可利用正规金融的规模成本优势解决其规模不经济的问题。Giné（2007）对泰国农村 2880 户家庭和 606 家小型企业的研究中，最富有的借款者（通过财富和收入衡量）专门通过正规部门借款。随着财富的下降，借款者或者仅从非正规部门（包括地主、商人、高利贷者等）寻求贷款或者同时从两个部门贷款。借款者向正规部门的借款能力随其财富而增加的结论与非洲（Graham 等，1988；Steel 等，1997）、亚洲（Floro 和 Yotopoulos，1992；Bell 等，1990；Banerjee 和 Duflo，2007；Giné，2007）以及南美洲（Key，1997；Conning，2007）的一系列关于正规与非正规部门间相互作用的实证研究相一致。如在对尼日尔 96 个批发商和零售商的调查中，Graham 等（1988）发现零售商的正规贷款规模随其资产基础的增加而增大。Campion（2006）在对秘鲁的朝鲜蓟进行研究时也提供了相关证据。Campion 记录到，朝鲜蓟加工企业和投入供应商"提供有价值的资金……帮助农民……生产更多数量的高质朝鲜蓟并提高了其投资回报。更高的回报导致更多正规金融的获得……"Wittlinger 和 Tuesta（2006）对巴拉圭豆农的描述也与此类似。而国内对于正规金融与非正规金融作用的探讨主要侧重在两者的不同用途方面。林毅夫（2004）、汪三贵（2001）认为，相对于正规借款，非正规借款主要用于生活性借贷，而正规借款主要用于生产性借贷，可见正规金融渠道的融资主要解决借款农户的发展问题，而非正规金融渠道融资主要解决借款农户的生存问题。然而，朱守银等（2003）对此持相反观点，他们认为目前我国农村借款农户的贷款需求主要用于消费目的。黄祖辉等（2009）通过调研分析，同样认为农户的正规贷款和非正规贷款均是为了满足其消费目的，并且无论是富裕农户或贫困农户的借款都主要用于消费，因此在农村地区具有生产性目的的小额贷款将可能不能达到预期效果，而应更多地扩大农户消费目的的信贷需求。

2.1.3 正规金融与非正规金融部门之间的关系

在信贷市场上，正规金融与非正规金融之间存在怎样的关系呢？目前学术界没有形成统一观点。其主流观点认为正规金融与非正规金融之间是一种互补关系，非正规金融作为正规金融的补充，服务正规金融所不能满足的低端市场。在对北美洲、拉丁美洲和非洲合同农业的记录中，Glover 和 Kusterer（1990）写到，交易商和投入供应商提供的非正规资金"有助于向银行保证农民的信誉，从而促进银行信贷的获得"。然而，崔百胜（2012）认为非正规金融同正规金融相比虽然依赖于人缘、地缘关系具有监督和执行能力优势，但其监督和执行能力的优势并不能对资源进行有效扩张，从而不能满足高端市场的需求，那么非正规金融就不能形成对正规金融的补充，因而两者并非是互补关系。正如 Diagne（1999）所言，农村正规金融与非正规金融并不是简单的替代关系，两者具有相互影响、相互补充以及相互协作的关系。Sanjay Jain（1999）认为正规金融供应充足会使非正规金融消失，而正规金融市场上较高的交易成本使其被非正规金融所替代，两部门之间存在此消彼长的关系。Yan 和 Ping（2012）在考察农户在正规金融部门与正规金融部门之间的相互关系后研究结果表明，农户从非正规渠道的借款对正规渠道借款影响不显著，两者之间呈相互独立关系。

具体到我国农村实际情况，正规金融与非正规金融到底存在何种关系呢？胡金焱和李永平（2006）从信息成本和代理成本的角度揭示两者之间存在一种制度互补关系。姚耀军（2009）基于温州民间利率监测试点数据进行分析发现，温州非正规金融市场利率变动受正规金融信贷变化的影响。进一步，杨福明和黄筱伟（2009）通过对温州案例剖析发现正规金融与非正规金融两者具有正相关关系而并非相互替代的关系，也即正规金融与非正规金融两者存在显著的协同关系。周明磊和任荣明（2010）运用突变结构向量模型对民间借贷利率与正规金融间的关系进行实证分析发现，民间借贷利率分布具有较强的独立性，并不受正规金融机构的影响。郭峰和胡金焱（2012）通过农村金融市场参与主体的选择行为研究发现，正规金融与非正规金融两者各自具有一定的优劣势，服务于农村金融市场的两极。崔百胜（2012）分析了二元金融体系下正规金融与非正规金融部门之间的作用机制，研究表明，正规金融与非正规金融两者之间的相互关系在技术冲击以及消费偏好冲击下表现为互补关系；而在货币政策冲击下，两部门短期内呈现相互替代的关系。

可见，在农村金融市场上，正规金融与非正规金融两部门之间相互竞争、相互依赖、共生共存。

2.1.4 正规金融与非正规金融部门的联结及其模式

探讨如何实现正规金融与非正规金融各自的优势，已成为提高农村经济水平、增加全社会福利的着眼点。针对该问题，有学者提出利用两者各自的比较优势，促使两者有效联结，进而扩展农村金融服务边界的观点。例如，将非正规金融部门"合法化"（何从文，1999）；通过正规金融机构向非正规机构发放低廉贷款的方法，在正规金融与非正规金融部门之间实施"金融联结"来扩大农户信贷资金的可得性（Maria 和 Debraj，1997；Maria 和 Pan，1992）。在正规金融与非正规金融的联结模式中，国际上比较公认的主要有水平联结模式和垂直联结模式（左臣明和马九杰，2005；Bell，1990；Kochar，1997），指出水平联结是借款者可在正规金融与非正规金融部门之间自由借贷，因此两者在提供贷款上展开直接的竞争；垂直联结是指正规金融部门将贷款资金放贷给非正规金融部门，再由其转贷给借款者。垂直联结有利于促进正规金融与非正规金融部门的优势互补，实现参与主体的共赢，是目前国际国内比较推崇的联结模式，并且垂直联结由于更多地体现了联结的优势而成为金融联结的代名词（Floro 和 Ray，1997）。Diagne（1999）发现农村正规金融与农村非正规金融的联结可扩大农村资金供给，扩展农村金融服务。Besley 和 Coate（1991）、Ghatak 和 Guinnane（1999）发现正规金融与非正规金融的联结能够有效解决逆向选择及道德风险问题。沈高明（2005）认为正规金融与非正规金融的联结可较好地分散贷款风险。Anushree

Sinha（2008）通过研究发现农村金融联结在增加农村资本供给、改善金融抑制及提升农村妇女社会地位等方面发挥积极作用。左臣明和马九杰（2005）考察了吉林梨树县的"股权信贷模式"，该模式实质上是一种"信用社＋合作社＋农户"的联结模式，农户间自愿构建合作社，并以合作社成员入股农村信用社，从而以小组联保名义获取农村信用社的贷款，合作社充当小组金融的作用，小组内成员间相互具有连带责任，发挥杠杆效应，获得多倍的资金供给，从而改善了农户"融资难"问题。

2.1.5 文献评述

综上所述，可以得出如下几点评述：

（1）已有研究对农村二元金融现象的解释并没有建立统一的理论分析范式，理论解释较零散，且大量文献总是先入为主地强调农村正规金融既定条件下农村非正规金融的状况，其实中国的非正规金融已经存在了几千年之久（张杰，2003），先入为主的判断往往会大大忽视农村金融的一些深层特性，也就可能得出似是而非的结论。

（2）针对中国农村信贷市场上借贷问题的研究，大多数学者对农村信贷市场上农户借贷行为进行了实证分析，但其研究忽略了借贷中的匹配因素。

（3）对于正规金融与非正规金融之间的相互关系研究，大多是关于两者关系研究的介绍和引入，基本止于定性分析，少数采用局部实证方法，但缺乏在整体框架下的一般性分析，并且其研究结果缺乏经验验证。

（4）尽管有学者观察到两者联结的现象，但其中联结的具体机制还没有被很好地理解。

2.2 分析框架

农村正规金融和非正规金融的同时存在形成一个典型的农村二元金融结构。我国农村金融市场上非正规金融的广泛存在以及由此形成的二元金融结构问题不得不引起关注。

因此，围绕农村二元金融结构问题，本书提出图2-1所示的分析框架。

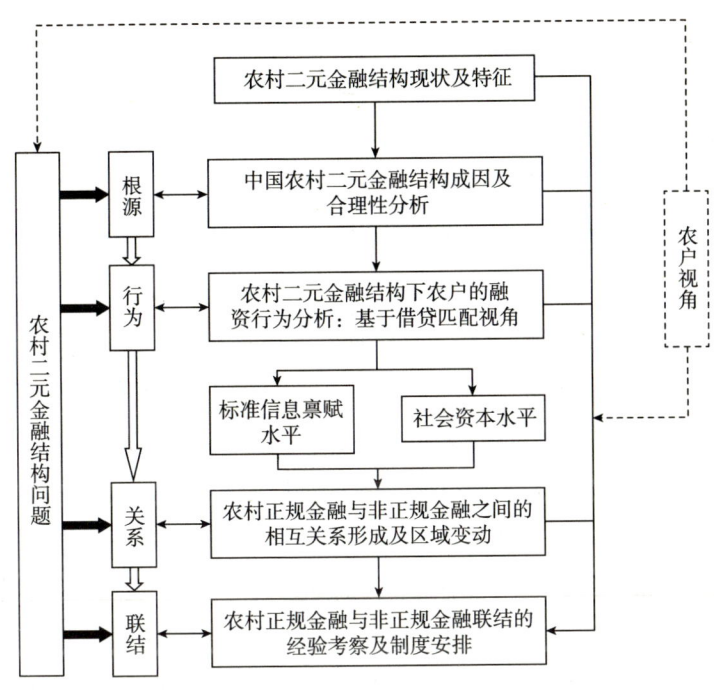

图2-1　论文总体框架

这一研究的逻辑思路可以描述如下：

(1) 在全面系统分析农村二元金融结构现状及特征的基础上，从农户特殊性出发，从理论和逻辑层面阐述农村二元金融结构现象成因及合理性。

对于农村二元金融结构现象的解释，国内外主要存在两种观点，一种观点认为二元金融结构的出现是由于政府实施的利率管制等政策所形成的（McKinnon，1973；Fry，1982，1988；Roe，1990；Taylor，1983；Anders Isaksson，2002；史晋川等，1997；周业安，1999；杜朝运，2001；彭兴韵，2002；张杰等，2003；易秋霖和郭慧，2003）。另一种观点认为二元金融结构是由市场信息不对称以及筛选、监督、合约交易成本等方面差异所产生的（Hoff和Stiglitz，1994；Stiglitz和Weiss，1990；Stiglitz，2000；林毅夫、孙希芳，2005；张建军等，2002；刘民权等,2003;姜海军等,2006)。笔者认为,由于中国农村农户的特殊性,现有观点或许可以解释农村非正规金融形成的部分原因,但并不能用来解释我国农村非正规金融形成的根本原因,无法解释贯穿其中的逻辑。因此,本书认为,对于我国农村二元金融结构问题,如果离开我国农村社会的背景以及农户特性去分析,就难以清晰地认识到产生农村二元金融结构现象的深层次原因。基于此,本书试图在前人研究的基础上,基于我国农户的特殊性,主要从内部原因角度对非正规金融的产生提出一个解释,旨在阐明非正规金融形成的根本原因及其形成的农村二元金融结构现象成因。笔者认为,只有了解农户的家庭特征,由此了解农户的金融偏好,才能够准确把握农村二元金融结构的成因。

(2)深入分析农村信贷市场上农户借贷匹配的决定因素。在农村正规和非正规信贷市场具有存在的理由和价值的情况下,我国要建立健全农村信贷市场体系,提高农村信贷市场资金配置效率,就必须同时发展和提高农村正规和非正规信贷市场效率。然而,农村由农户这一最基本单位组成,农户也是农村信贷市场的参与主体,要提高农村正规和非正规信贷市场资金配置效率,首先就必须了解农户在农村信贷市场的借贷匹配情况,只有如此,才能准确而合理地把握我国农村信贷市场的合理配置情况。

Nisbet(1969)认为,如果农村存在两个信贷市场,必然满足两个条件:一是有不同类型的借款者;二是有不同类型的贷款者。如果借款者和贷款者自由流动建立均衡所必需的替代不能发生,两个或多个信贷市场就将存在。由上述分析可知,农村正规金融和非正规金融存在各自的比较优势,贷款契约等方面存在差异,因而,可以将农村正规金融和非正规金融看作两个不同的信贷市场。同时不同农户信息禀赋不同,标准信息禀赋高的借款者较标准信息禀赋低的借款者更容易获得正规贷款者的借款,而标准信息禀赋低的借款者更可能从非正规部门获得借款。那么农村二元金融结构下不同类型借款者(农户)与不同类型贷款者(正规金融组织与非正规金融组织)借贷匹配的决定因素是什么?农户的融资行为构成了整个农村金融的基础。因此,了解农村二元金融结构下农户的融资行为以此明确两者的借贷匹配因素是理解农村金融发展、探讨农村正规金融与非正规金融相互关系的前提。

(3)深入研究农村正规金融与非正规金融之间的相互关系及区域变化。由

第2章 文献回顾及分析框架

上一部分内容可得出基于农户不同信息禀赋的差异，正规金融和非正规金融会做出不同的放贷选择行为，进而体现两者的相互关系。对两者相互关系的理解决定了理论界和决策层对农村信贷市场所采取的政策措施，因此，系统全面地理解两者之间的关系是制定正确金融政策的关键，进一步研究两者相互关系的形成及区域的变化，也能更好地体现出农村金融供给市场的构成。

依据一般经济学理论，所有的需求都可在市场上获得满足，都可引致出市场上对应的供应。因此，如果正规金融市场存在边界，则会与农村借贷主体差异化的金融需求相矛盾，导致无法满足农村借贷主体的信贷需求。要解决这一矛盾，则需要引入具备适应农村借贷主体融资需求特征的替代物，而且这种替代物能够克服正规金融的种种不足，该替代物便是非正规金融。非正规金融满足了众多遭受正规金融配给的农村借贷主体的信贷需求，它作为一种内生性制度安排早已存在。可非正规金融也存在自身无法克服的矛盾，这一不足决定了其替代性不可能是完全的，因此，正规金融与非正规金融之间存在替代性均衡，即两者既可能存在替代性（竞争性）又存在互补性。由于市场信贷不对称，资金无法在两个市场之间自由流动，从而，一个市场资金供应情况的变化并不会引起另一个市场资金供应情况的变化，因此，两者以不同的策略参与农户借贷市场的分工又决定了农村信贷市场的分割性，而两者均未涉足的区域形成了农贷市场的金融缺口。因此，在农村金融市场上，正规金融与非正规金融两部门之间相互竞争、相互依赖、共生共存。

（4）从理论和实践层面深入分析农村正规金融与非正规金融联结的效率及实践经验，并结合上述问题所做的深入分析，设计联结的激励机制，并提出相应的制度安排。

相较于正规金融，非正规金融在信息收集、甄别以及监督贷款投向方面的成本较小，且具有地域优势。但非正规金融的优势仅限于圈层内部范围，当其组织规模与成员范围扩大、社会关系网络的扩大，非正规金融的信息优势和地域优势便逐渐减弱，导致其克服道德风险的能力也相应下降，当降至一定水平时，其优势不再显现，非正规金融的边际贷款成本呈 U 形走势，即先下降后上升。正规金融存在规模经济，即正规金融机构的边际贷款成本随着借款者数量的增加不断下降。

可见，两者如果能够开展有效的合作会产生良好的经济效应，非正规金融可以利用其信息优势降低其融资成本，而正规金融可利用非正规金融的信息优势得以拓展市场。从深化的角度看，人们对非正规金融的感知在不断变化。中国官方已经承认，浙江等地区非正规金融的发展，对浙江地区经济发展起到了至关重要的支持作用。此外，越来越多的金融业界人士也认识到，其实非正规金融是金融的最初形式，且其往往为金融创新的源泉。在现阶段，商业银行在因水平竞争模式而难以持续发展、乡村中介受压制、新型农村金融机构功能不足、效果不理想等情况下，农村农户"融资难"问题依然未得到解决（刘西川等，2009）。

为此，可考虑通过金融联结方式，通过某种途径把正规金融的资金优势和非正规金融的信息优势结合起来，以金融联结形式扩大农村资金规模，扩展金融服务边界。在金融联结下，非正规金融在正规金融与农户之间充当着中介人的角色。非正规金融与正规金融联结合作，可以解决正规金融机构对借款者的道德风险和逆向选择问题，简化交易程序，降低交易成本，并且使非正规金融克服资金少、规模小的不足。因此，金融联结不仅有助于缓解农村地区贷款难，更能够在一定程度上减轻农村地区金融抑制问题。

2.2.1 农村二元金融结构现象成因分析

在发展中国家农村二元金融结构是一种普遍现象（Hoff 和 Stiglitz，1994；Mohieldin 和 Wright，2000）。但由于我国农村农户的特殊性，现有观点或许可以解释农村非正规金融形成的部分原因，但并不能用来解释中国农村非正规金融形成的根本原因，无法解释贯穿其中的逻辑。

但凡提到我国农村的问题，都离不开"农户"这个基本单位。认识并诠释我国农户的特殊性就成为我们探讨农村二元金融结构现象的逻辑起点。我们相信，只有细致地解读农户，才有可能进一步深入分析由农户构成的农村信贷市场。

从总体上讲，研究农户行为的经典理论当属西方经济学派的"理性小农"和"道义小农"。就前者而言，以舒尔茨的"理性小农"命题为代表，该命题认为农民具有理性动机，改造传统农业应激励农民为追求利润而创新行业（Schultz，1964）。在此基础上，波普金（1979）首次提出"政治经济"假说，该假说认为，小农除具有经济市场上追求利润最大化的理性生产决策外，还是政治市场上的理性行为者。显然，他们的命题都提出了"理性小农"的定义。就"道义小农"命题而言，主要强调的是小农的生存逻辑。Chayanov（1925）认为小农的行为不同于资产拥有者，其生产主要是为了满足自身消费而不是追求利润。在此基础上，美国经济学家Scott（1976）通过细致的案例考察提出了著名的"道义小农"命题。该命题认为农民一般具有强烈的生存安全取向，他们宁愿选择避免经济损失，也不会采取冒险去追求利益最大化，即小农遵从的是"安全第一"的原则。显然，我国农户并不能够依据其谋求生存还是追求利润来对其划分。农户不同生存境遇和所处社会制度环境决定了其行为的选择。处在传统农业时期的农户，生存仍处危机状态，其生产主要为了满足自身生存为目的，该生存逻辑不仅具有理性，更是一种生存智慧；而处在现代农业时期并在稳定的社会保障体制中的农户，其生存温饱问题已解决，因此追求利润最大化的生产决策也就符合理性的逻辑（郭于华，2002）。很显然，仅从"理性小农"视角，抑或"道义小农"视角单方面来考察农户的行为特征，难免得出简单或错误的结论（张杰，2003），任何一种理论都不能完全表征出我国农户的行为特征，不能绝对地把这两种理论完全割裂。基于此，黄宗智则综合看待小农性质，他认为，对于小农特性的理解，无论是"理性小农"，抑或"道义小农"，它们的理解都不是矛盾的，而是在不同社会制度阶层农户具有不同特性，农户既是为了满足自身消费维持生存的"道义小农"，又是追求利润最大化的"理性小农"，因此，在不同阶层农户都有所体现。一般而言，对于那些自留在农村自耕的农户，其生产主要为了满足自身消费而不是追求利润最大化，其生产目的接近于"道义小农"；而对于那些农村富裕、经济地位较高的农户，其生产目的多为商业性生产，则更加符合"理性小农"定义。黄宗智的命题是依据实际历史资料与调查分析得出，其结论极具可信度，因此，他的小农命题长期以来被奉为经典。

依据上述分析我们认为，在界定农村信贷市场的重要参与主体时，要根据农户的具体类型以及具体决策，来判断其解释依据是"理性小农"还是"道义小农"理论。

黄宗智提出的小农命题长期以来被我国农村经济和社会研究者奉为经典，其命题的核心是定义并刻画了小农经济的"半无产化"，并在此基础上，开创性地提出了著名的"拐杖逻辑"。其中,小农经济的"半无产化"是指农户离开农村小农家庭外出务工,却无法割舍几亩农田,仍对小农经济心存眷顾,使之不能成为真正意义上的雇用劳动者,即农村存在多余的劳动力却并不能转移出去。因此,农村小农家庭的收入包括两部分,即农业收入和非农业收入。纵观历史,就会发现这种情形在我国几千年以前就已经存在了,不仅在贫困农户中,在富裕农户中仍然存在这种格局。可见,小农经济的"半无产化"不仅可以解释1949～1976年我国的农村集体化运动,也可以解释改革开放以来农村地区改革景象。在农村集体化运动时期的农村集体经济组织仍然是一种集生产与消费功能合而为一的单位,与家庭农场并没有本质区别。同样,在改革开放以来,在大多农村偏远贫困地区,农户无法完全脱离土地,依靠外出打工来养活一家人,对他们而言,失去土地就等于面临家庭灭绝的危机(张杰,2005)。由于我国农业生产经历了漫长的过程,传统农业赋予了我国社会沉重的乡土本色,长期依靠农业谋生的人们,他们认为依靠土地才能有相对可靠的产出,因此对于土地他们有着别样的感受和理解,他们认为拥有农业土地是一种尊严的依托,更是一份生存保险(费孝通,1939)。基于此,会有"外出打工收入仅是对家庭农业收入的补充而不是替代"的说法。所以,中国人对土地的依赖,是一种无法割舍并无法替代的精神依托。

我国农户的特殊性还表现在农村地区存在着广泛的小农家庭制度。我国的农村在很大程度上还是一个以家庭为单位结合起来的经济体(费孝通,1986),在这个关系网中信息传递非常便利且具有社会联系纽带的作用。可以说,不理解我国农村的家庭特征就不可能深刻理解我国农村的借贷制度。我国社会"圈层结构"的特点是以个人为中心,首先向具有血缘关系的家庭扩展,然后再按人际关系的亲疏远近向外扩展,如图2-2所示。① 因此,历史上长期以来的中国小农家庭是本着自给自足、温饱无忧的生存与安全目标;中国小农家庭既是消费单位,

---

① 费孝通先生用"差序格局"来描述中国传统乡土社会伦理秩序的特征,而用"团体格局"来描述西方市场社会伦理秩序的特征,这种划分对于解释中国传统乡土社会结构与运行机制有重要启发意义(王曙光,2006)。

又是生产单位,显然,中国小农家庭的含义与贝克尔(1998)的家庭理论①不同。中国的小农社会是崇尚礼俗、克己的熟人社会(王芳,2005),这便构成了考察小农经济行为时不容忽视的制度条件。

尽管在农村大部分地区存在大量剩余劳动力,但是由于他们对农业生产、对土地存在极大依赖,长久的乡土本色使他们宁可安于现状甚至挣扎在贫困生死线上,也不愿意完全放弃土地而外出务工成为真正的雇佣劳动者(张杰,2003)。因此,必须依靠非农业收入来源来解决小农经济"半无产化"可能导致的生存危机。然而通过农业外的就业形式并没有改变农村小农经济"半无产化"性质,反而在很大程度上支持了它,这便是黄智宗提出的"拐杖逻辑"(黄宗智,1992)。尽管在现阶段市场化经济冲击下,中国农村大量剩余劳动力流向城市务工,甚至大量农户的非农收入大于农业收入,但其小农经济本质并未改变,非农收入再多也只是补充的"拐杖"。

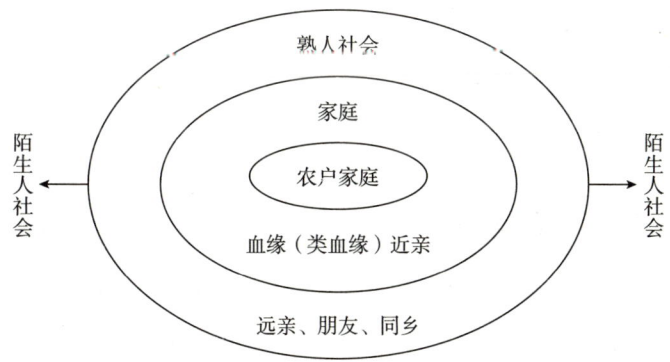

图2-2 中国农村社会圈层结构示意(费孝通,1985)

可见,中国传统农户的特殊性决定了农户的信贷行为,是农村非正规金融存在的基础。对此,本书将在小农命题及中国农户特殊性的分析基础下阐释农村二元金融结构现象的深层次原因。

---

① 贝克尔(1998)的家庭理论框架中的家庭有着十分严格而清晰的定义域,一是他所研究的家庭追求效率与产出最大化;二是他所研究的家庭无温饱生存之忧,因此拥有自由的选择权利;三是这种家庭只是一种生活与消费单位,而不兼具生产功能。

据此提出假说1。

假说1：小农经济的路径依赖特征内生出农村非正规金融；由此形成的农村二元金融结构有助于提高农户收入水平，即农村二元金融结构的存在和发展具有一定的合理性。

2.2.2 农村二元金融结构下农户借款匹配的决定因素分析

本书所用的匹配模型建立在 Sanchez – Schwarz（1996）的基础上，而其分析思路最早来源于 Milde 和 Riley（1988）创建的信号模型。Sanchez – Schwarz 构建的模型论述了发展中国家的农村信贷市场上企业家和贷款者之间的匹配情况。本书在此基础上对其进行改良，加入了农村非正规金融部门借款者这一考察对象，着重论述农村信贷市场上不同类型借款农户和不同类型贷款者之间的匹配情况。

2.2.2.1 借款者行为

假定借款者为理性经济人，设 $Q(B; A, \phi, \Theta)$ 为其收入函数，B 代表其贷款规模，A 代表资产存量，ϕ 代表借款者的正规性特征变量，Θ 代表收入风险的不确定参数。假定，对于任意 i，存在着 $\frac{\partial Q}{\partial i} > 0$、$\frac{\partial^2 Q}{\partial i^2} < 0$，并且对于任意 i 和 j，存在 $\frac{\partial^2 Q}{\partial i \partial j} > 0$。

在期初，借款者以利率 r 借入 B 的贷款额度。在期末，借款者以价格 P 销售其项目产品，偿还贷款本息 $(1+r)B$，其中 $1+r=R$ 被定义为利率因子。

由于项目存在价格风险和生产的不可控性，因此用于贷款的项目收入存在不确定性，而借款者关注的是该不确定性对项目收入产生的影响，因此，令 $\theta = \tilde{p}\tilde{\Theta}$ 代表不确定性，设 θ 为区间 $[\underline{\theta}, \overline{\theta}]$ 内具有累积分布函数 $F_\delta(\theta)$ 的非负连续型随机变量，δ 为借款者的风险类型。在信息对称的情况下，贷款者可以直接观察到 δ。假定借款者不存在策略性违约行为，则当 $(1+r)B > \theta Q$ 时，存在非自愿违约，即当项目收入不足以偿付贷款债务时会发生违约。

令借款者的项目收入与其债务量相等的 θ 值为 $\hat{\theta} = \frac{RB}{Q(B, A, \alpha)}$，其中 $\hat{\theta}$ 为 θ 的临界值。当 $\theta > \hat{\theta}$ 时，借款者可利用贷款项目收益偿还债务量，借款者偿还后的净收益为 $\theta Q(\cdot) - RB$；当 $\theta < \hat{\theta}$ 时，借款者存在非自愿违约。

借款者通过选择一定贷款规模 B 的目的是补足其项目投入的生产性资产从而使预期利润最大化。对称信息且无交易成本下,借款者预期利润可由式(2-1)表示:

$$\underset{B}{\operatorname{Max}} \pi = \int_{\hat{\theta}}^{\bar{\theta}} \theta Q \mathrm{d} F_{\delta}(\theta) - RB[1 - F_{\delta}(\hat{\theta})] \qquad (2-1)$$

本书中借款者(农户)标准信息禀赋的代理变量包括耕地面积、年末生产性固定资产原值、年末金融资产余额、家庭年收入、非农就业能力、是否参加联保。对于借款者来说,其标准信息禀赋很容易向使用正规贷款技术的贷款者显示其信誉。对于借款者所有标准信息禀赋的情况,可定义 $\phi \in [0,1]$ 为借款者拥有标准信息禀赋的程度,其中 $\phi = 0$ 意味着借款者正规程度低,无标准信息禀赋;$\phi = 1$ 意味着借款者正规程度高,拥有高标准信息禀赋。由于借贷双方的异质性决定了给定的借款者在向可选择的潜在贷款者展示其良好信誉时面临着不同借款交易成本,令 $K^{ij}(w, \phi)$ 为借款交易成本,w 为贷款技术(贷款者类型),其中 $\frac{\partial K(\cdot)}{\partial w} > 0$、$\frac{\partial K(\cdot)}{\partial \phi} < 0$、$\frac{\partial^2 K(\cdot)}{\partial w^2} < 0$、$\frac{\partial^2 K(\cdot)}{\partial \phi^2} < 0$,以上不等式表明随着潜在借款者具有的标准信息禀赋增加,借款交易成本将会降低。具备较多标准信息禀赋的借款者更容易向使用正规贷款技术的贷款者展示其信誉。

借款交易成本 $K^{ij}(w, \phi)$ 可由借款者向正规贷款者借款的成本 $[K^F(\phi)]$ 和向非正规贷款者借款的成本 $[K^{IF}(\phi)]$ 加权平均得到,可表示为式(2-2):

$$K(w, \phi) = wK^F(\phi) + (1-W)K^{IF}(\phi) \qquad (2-2)$$

2.2.2.2 贷款者行为

假设贷款者在给定的条款和条件下向借款者提供在一定时期内到期的借款合约。该借款合约由借款规模 B 和利率因子 R 构成。贷款者在考虑资金机会成本、贷款成本及与一定贷款数额相关的违约风险后收取利率为 r。令贷款资金的机会成本为 $I(w)B$,其中,$I = 1 + i(w)$,i 代表贷款者放贷的机会成本,w 为贷款者类型,即贷款技术。若借款者按期偿还贷款,贷款者收到 $(1+r)B$ 的本息;如果借款者的项目收益不足以偿还债务,贷款者将无法收回全部贷款额。

假设贷款交易成本为零,贷款方的最优化问题可由式(2-3)表示:

$$\underset{B}{\operatorname{Max}} g = \int_{\hat{\theta}}^{\bar{\theta}} \theta Q(B, A; \phi) \mathrm{d} F_{\delta}(\theta) + RB[1 - F_{\delta}(\hat{\theta})] - I(w)B \qquad (2-3)$$

式（2-3）中的 $\int_{\theta}^{\hat{\theta}} \theta Q(B, A; \phi) dF_{\delta}(\theta)$ 代表借款者的贷款项目收入不足以偿还其债务时的贷款者收入，$RB[1-F_{\delta}(\hat{\theta})]$ 代表其贷款项目收入足够偿付全部债务时的贷款者收入，$I(w)B$ 为贷款资金的机会成本。

假设贷款者市场存在大量贷款者，即为竞争性市场，将贷款者根据其贷款技术 w 进行归类，其中定义 $w \in [0, 1]$。一个极端是当 $w = 0$ 时，存在完全使用情感化信息进行审查和监测的非正规贷款技术；另一极端是当 $w = 1$ 时，存在完全使用标准化信息进行筛查、甄别的正规贷款技术。介于 $0 \sim 1$ 的贷款者（即 $0 < w < 1$）为准正规贷款者。正如正规贷款机构（如银行）可以利用其资金规模优势，一个正规贷款者的资金机会成本低于非正规贷款者的资金机会成本，因此，$\frac{\partial I}{\partial w} < 0$。

贷款交易成本包括筛查、监督成本和回收贷款成本，主要包括关于借款者的信息收集费用以及花费在回收贷款中的时间和交通成本。非正规贷款者可以通过邻近关系、亲属关系或通过业务往来关系等方式来了解其客户并收集相应信息；准正规贷款者可能会寻找推荐人或非传统型抵押品保证借贷合约的履行；正规贷款者将依据借款者所拥有的标准信息禀赋对其信誉进行评估。令贷款交易成本为 $L(w, \phi)$，其中，$\frac{\partial L(\cdot)}{\partial w} < 0$、$\frac{\partial L(\cdot)}{\partial \phi} < 0$、$\frac{\partial^2 L(\cdot)}{\partial w^2} < 0$、$\frac{\partial^2 L(\cdot)}{\partial \phi^2} < 0$，表明随着贷款者贷款技术的提升，贷款成本将不断降低。借贷合约选择的程序如下：鉴于贷款市场为竞争性市场，贷款者可自由进出市场，从而贷款者的利润限定为零，借款者从可选择的贷款者中选择最优的贷款规模 $B(i.e., B^*)$，并保证了借款者获得最低保留利润水平。

2.2.2.3 借款者与贷款者的协调匹配

信贷市场上的任何交易都是由需求和供给相互作用的结果。假设有 m 类借款者 $i = 1, 2, \cdots, m$，n 类贷款者 $j = 1, 2, \cdots, n$。鉴于审查和监测成本，每个贷款者提供一组以贷款利率和贷款规模组合的贷款合约，贷款申请者（潜在借款者）从可供选择的贷款中选择最优的贷款合约。令 $\pi^{ij}(B^{ij}, R(B^{ij}) | \cdot)$ 为借款者 i 从贷款者 j 申请到贷款获得的预期利润。相对应，令 $g^{ij}(B^{ij}, R(B^{ij}) | \cdot)$ 为贷款者 j 贷给借款者 i 的预期利润，其中 $R(B^{ij})$ 为给定贷款规模下使利润最大化的利率。因此，不同类型贷款者针对不同类型借款者提供了不同的贷款合约，这些贷

款合约就构成贷款者的总供给曲线,即每个细分市场上成本最低的组合。可将某类特定借款者接受的贷款合约供给表示为式(2-4):

$$R^i = R^i(B) = \text{Min} R^{ij}[B^{ij}, A_i, \delta_i, \phi_i, I(w_j), L^{ij}(w_j, \phi_i), K^{ij}(w_j, \phi_i)]$$
(2-4)

借款者 i 从贷款者 j 借入一定贷款规模以使其利润最大化。借款者的最优化问题可以表示为式(2-5):

$$\underset{B}{\text{Max}} \pi^{ij} = \int_{\underline{\theta}}^{\bar{\theta}} \theta Q \mathrm{d} F_\delta(\theta) - RB[1 - F_\delta(\theta)]$$
(2-5)

s.t. $R^i = R^i(B)$; $B^{ij} \geq 0$

式(2-5)中的 $\int_{\underline{\theta}}^{\bar{\theta}} \theta Q \mathrm{d} F_\delta(\theta)$ 表示借款者的贷款项目所获取的期望收入,借款者所获收入可全部偿还贷款金额和利息;$RB[1-F_\delta(\theta)]$ 表示 θ 值可使借款者完成合约义务并保持盈余。同样,在给定借款者选择条件下,贷款者利润最大化问题可表示为式(2-6):

$$\underset{j}{\text{Max}} \left\{ \underset{B}{\text{Max}} \pi^{ij} [B^{ij}, R | K^{ij}(w, \phi)] \right\}$$
(2-6)

s.t. $g^{ij}(B^{ij}, R) = 0$; $\pi^{ij}(B^{ij}, R) \geq \underline{\pi}$ $B^{ij} \geq 0$

借款者的目的是通过选择贷款规模 B 以实现利润最大化。式(2-6)的最优化问题为借款者解决了如何选择最优贷款合约及相对应的贷款者类型 w_i 的选择问题。

借贷匹配过程阐明了贷款者的最优选择是如何随着借款者类型而变化的。借款者以使其利润最大化,选择 w 类型贷款者,从而使借贷方预期利润加总所得的总剩余(x^*)达最大化。在贷方市场为竞争性的条件下,总剩余等于借款者利润减去借贷交易成本的总和。可将该最优化问题定义为式(2-7):

$$\underset{\omega}{\text{Max}} x^*(\omega, \phi) = \pi(\cdot) - L(\omega, \phi) - K(\omega, \phi)$$
(2-7)

使式(2-7)总剩余最大化的一阶条件为式(2-8):

$$x_w^* = Q_B E(\theta) \frac{\partial B^*}{\partial I} \frac{\mathrm{d} I}{\mathrm{d} w} - B^* \frac{\mathrm{d} I}{\mathrm{d} w} \left[1 + \frac{\partial B^*}{\partial I} \frac{I}{B^*} \right] - [\phi L_w^F + (1-\phi) L_w^{IF}] -$$

$$[K^F(\phi) - K^{IF}(\phi)] = 0$$
(2-8)

总剩余最大化的二阶条件为:

$$x_{ww}^* = Q_B E(\theta) B_{I(w)}^* I_{ww} + Q_{BB} E(\theta) [B_I^* I_w]^2 - B^* I_{ww} \left[1 + \frac{\partial B^*}{\partial I} \frac{I}{B^*}\right] -$$
$$[\phi L_w^F + (1-\phi) L_w^{IF}] - 2B_I^* I_w^2 < 0 \qquad (2-9)$$

$$w_{w\phi}^* = Q_B \phi E(\theta) B_{I(w)}^* I_w - [L_w^F - S_w^{IF}] - [K_\phi^F - K_\phi^{IF}] > 0 \qquad (2-10)$$

为了检验借贷双方之间的匹配情况,就有必要验证 w 是如何随 ϕ 变化的,求全导:

$$w_{ww}^* \mathrm{d}w + x_{w\phi}^* \mathrm{d}\phi = 0 \Rightarrow \frac{\mathrm{d}w}{\mathrm{d}\phi} = -x_{w\phi}^*/x_{ww}^* > 0 \qquad (2-11)$$

据此,得出命题:标准信息禀赋高的借款者(即正规借款者)较标准信息禀赋低的借款者(即非正规借款者)更容易从正规贷款者处获得贷款;相反,非正规借款者更容易与非正规的贷款者发生借贷匹配。从而可知,标准信息禀赋越高的农户($\phi \to 1$),其正规程度越高,向处理与应用标准信息占比较优势的正规贷款者($w \to 1$)显示其信誉的能力越强,即具有更正规标准信息的农户将与拥有更多正规技术的贷款者匹配。这就是存在个体信息差异的借款者得以相应金融制度安排而形成的合理结构,也进一步论证了正规与非正规二元金融结构存在的合理性。

据此提出假说2。

假说2:农村正规金融和农村非正规金融部门的金融供给具有不同的侧重点,其中正规金融倾向于拥有标准信息禀赋程度较高的农户,而非正规金融倾向于拥有丰富社会资本的农户。

正规贷款者主要依据借款农户所具有的标准信息禀赋来甄别借款农户的信誉,具有较多标准信息禀赋(生产性固定资产、金融资产、家庭年收入、参加小组联保等)的农户,其获得正规金融机构贷款的概率较大。农户社会资本(邻里关系、在村中的身份、与村干部的关系)特征使农户获得非正规金融部门贷款的概率较大,而并不会对正规金融放贷选择产生较大影响。

2.2.3 农村正规金融与非正规金融的相互关系分析

农村正规金融与非正规金融的共存是我国农村信贷市场的一幅壮丽图景,但是,对于两者之间的相互关系,以及在不同条件下相互关系如何变化,在现有研究中并不能找到明确解释。对于两者关系的研究，主流观点认为非正规金融作为正规金融的补充，服务于正规金融市场未能达到的低端市场。非正规金融部门同正规金融机构相比而言，其拥有一定的地缘人际关系，具有低监督成本、高执行效力优势。非正规金融部门的监督优势及执行效力优势并不能对资金形成有效的扩张，从而不能满足高端市场的融资需求，可见，非正规金融与正规金融形成不了替代关系。在我国非正规金融已具有较大规模，但对于两者之间相互关系的判断争论较大。

由于市场信息不对称，农户缺乏有效的抵押担保品，且交易成本较高，导致正规金融服务农村地区存在局限性，同时，由于政府干预、信贷配给及市场垄断等问题，正规金融无法有效覆盖到整个农村金融市场。依据一般经济学理论，所有的需求都可在市场上获得满足，都可引致出市场上对应的供应。因此，如果正规金融市场存在边界，则会与农村借贷主体差异化的金融需求相矛盾，导致无法满足农村借贷主体的信贷需求。要解决这一矛盾，则需要引入具备适应农村借贷主体融资需求特征的替代物，而且这种替代物能够克服正规金融的种种不足，该替代物便是非正规金融。非正规金融满足了众多遭受正规金融配给的农村借贷主体的信贷需求，它作为一种内生性制度安排早已存在。可非正规金融也存在自身无法克服的矛盾，这一不足决定了其替代性不可能是完全的，因此，正规金融与非正规金融之间存在替代性均衡，即两者既可能存在替代性（竞争性）又存在互补性。由于市场信贷不对称，资金无法在两个市场之间自由流动，从而一个市场资金供应情况的变化并不会引起另一个市场资金供应变化，因此，两者以不同的策略参与农户借贷市场的分工又决定了农村信贷市场的分割性，而两者均未涉足的区域形成了农贷市场的金融缺口。因此，在农村金融市场上，正规金融与非正规金融两部门之间相互竞争、相互依赖、共生共存。

对农村二元金融结构下正规金融与非正规金融相互关系的理解决定了理论界和决策层对农村信贷市场所采取的政策措施，因此，系统全面地分析两者之间的相互关系及区域变动是制定正确金融政策的关键。

本书在前文研究基础上，通过分析正规金融放贷额度与农户标准信息禀赋特征及非正规金融放贷额度与社会资本特征指标之间的相关关系，建立两者的放贷趋势线及不同条件下的贷款区域，从而更好地体现出农村金融供给市场的构成。

据此提出假说3。

假说 3：正规金融和非正规金融相互关系的区域变动可体现为竞争、互补、分割及缺口四种类型，非正规金融风险的爆发以及农村金融供给市场的不稳定，常常是由正规金融或非正规金融的信贷政策频繁调节或过度调节导致的。

基于不同类型的农户标准信息禀赋、社会资本两组特征，可以将农户分为四种类型（其中非正规金融能够满足不具备标准信息禀赋但具备丰富社会资本的农户的金融需求，而正规金融能够满足于社会资本较匮乏但拥有较高标准信息禀赋的农户群体的金融需求）。在标准信息禀赋和社会资本只有一组优越的农户群体中，非正规金融与正规金融体现出分割关系；在具有较高标准信息禀赋和丰富的社会资本农户群体中，非正规金融和正规金融体现出竞争或互补关系；对于标准信息禀赋和社会资本都欠缺的农户群体，农村正规金融机构与非正规金融部门都不愿放贷，从而造成整个农村信贷市场的缺口。可见，农村正规金融和农村非正规金融两部门之间既可能为竞争性的替代关系，也可能为互补关系，同时两者可能存在着分割关系，分别服务于市场的两极。

2.2.4 农村正规金融与非正规金融部门的联结

根据传统的农业信贷补贴理论，农村贫困阶层不可能成为商业性金融的融资对象，因为他们缺乏储蓄能力，且农业具有特殊的产业性质，不能满足以利润为目标的正规金融机构的放贷要求，从而导致市场失灵；而市场失灵造成农户融资难问题，从而使投入农业生产的资金不足，导致农村经济发展受阻，进而制约整个社会经济的稳定发展。因此，构建适合农村发展的金融体系就成为必然。

我国乡村社会特有的"圈层结构"的特点是以个人为中心，首先向具有血缘关系的家庭扩展，然后再按人际关系的亲疏远近向外辐射延伸，由此便形成了我国农村圈层内部的友情借贷与熟人借贷。该"圈层结构"决定了村庄信任仅限于圈层内部小范围的高度信任，这种特殊的信任结构有碍于普遍信任的建立，同时该信任范围决定了农村非正规金融的界限。农户在自身拥有的资金无法满足其需求的情况下，首先会向圈层内部的友情借贷求助或寻求正规金融机构的信贷支持，迫不得已会选择高息的非正规借贷，当信任范围超出圈层边界时，非正规金融便不再存续。

相较于正规金融，非正规金融在信息收集、甄别以及监督贷款投向方面的成本较小，且具有地域优势。但非正规金融的优势仅限于圈层内部范围，当其组织规模与成员范围扩大、社会关系网络的扩大，非正规金融的信息优势和地域优势便逐渐减弱，导致其克服道德风险的能力也相应下降，当降至一定水平时，其优势不再显现，非正规金融的边际贷款成本呈 U 形走势，即先下降后上升。正规金融存在规模经济，即正规金融机构的边际贷款成本随着借款者数量的增加不断下降。如图 2-3 所示。非正规金融的边际贷款成本随着借款者数量增加而不断下降，当降至 E 点时，其效率最高，信息优势发挥至最大化。跨越 E 点后，边际贷款成本随着借款者数量增加而不断上升，直至越过 M 点后，非正规金融对于正规金融而言，便不再具有成本优势。可见，E 点为非正规金融边际贷款成本最低点，即最佳贷款规模点，此时非正规金融贷款效率最高，而 M 点为正规金融相较于非正规金融而言所具有比较优势的临界点。因此，在非正规金融贷款规模小于 M 点规模时，其边际贷款成本相较于正规金融借贷更具优势，而当越过 M 点后，其优势不再存在，此时，正规金融借贷更具比较优势。可见，EM 段为农村非正规金融存在的信任半径[①]，在此区间内，可充分利用正规金融的规模优势与非正规金融的信息优势，以此到达合理配置资源，实现优势互补的目的，即 EM 区间为农村正规金融与非正规金融的合作区间。

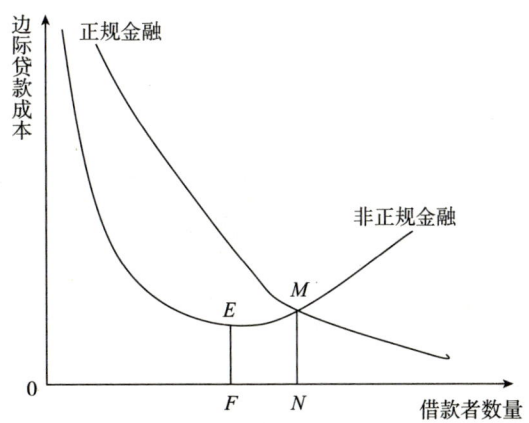

图 2-3 正规金融与非正规金融的边际贷款成本

---

① Fukuyama（1995）认为，所谓信任半径，是指人们乐意把信任扩展到的范围的大小。信任半径可能以家族、地域、社团、性别等为界。信任也是随着农村非正规社会结构和人际关系结构的变迁而不断演变的，逐渐由以血缘、亲缘和地缘为基础的特殊信任演化到基于业缘的一般普遍信任的农村信任格局。

综上所述我们可知，在一定范围内，正规金融存在一定的规模优势，而非正规金融具备信息优势。但依据厂商中间层理论，在最终消费者与供应商之间，若存在一个中间层，则能够有效地解决前两者直接面对时的信息不对称、交易成本、风险配对等问题，中间层分别向两者要价以及出价进行交易，则能够改进整个市场的效率。对此，本书可将非正规金融作为农村金融市场的中间层，正规金融机构基于风险考虑，往往会对能够提供足够抵押的大的放贷者进行放贷，而在非正规信贷市场中间层又可利用自身具备的信贷优势获取，这就避免了正规金融机构与农村分散农户直接交易的高成本，即由"一对多"变为"一对一"。

因此，我们设想通过在正规金融与非正规金融两部门之间构建合理分工，从而使其各自发挥比较优势，使农村信贷市场的资金沿着"正规—非正规"渠道重新返回农村信贷市场，这对于农村各参与主体而言会存在福利的帕累托改进。德布拉吉·瑞等通过对菲律宾的调查发现，政府往往将非正规放贷者作为正规金融机构资金放贷的渠道，从而形成一种垂直联结的合作关系。

基于上述分析可以推断：一个合理有效的农村金融体系，往往存在正规金融与非正规金融部门间的合理分工，正规金融机构对非正规金融部门实行放贷，而再由非正规金融放贷者将贷款放贷给农村的信贷需求主体，由此便形成一种垂直联结模式。

据此提出假说4。

假说4：由正规金融机构贷款给非正规金融部门，再由非正规金融部门贷放给农户的垂直联结模式既可利用非正规金融的信息优势，又能利用正规金融的资金优势为非正规金融提供低成本的资金，因而能够提高信贷市场效率。

第3章 农村二元金融结构现状及特征分析

3.1 引言

我国农村金融市场呈现正规金融和非正规金融并存的农村二元金融结构现象。那么该二元格局现状如何？农村正规金融和非正规金融在农村金融体系中分别处于怎样的地位，发挥的作用如何，都是值得我们探讨的问题。

3.2 农村二元金融结构：一个发展中国家的普遍现象

在发展中国家非正规金融与正规金融的"分割"与"并存"是一种普遍现象（Hoff 和 Stiglitz，1993；Mohieldin 和 Wright，2000）。自1990年以来，许多发展中国家在联合国粮农组织和世界银行的指引和帮助下，掀起了农村金融改革。政府通过构建由正规金融体制构成的农村金融体系，目的在于提高农村的信贷获取能力。尽管如此，大多数发展中国家的金融体制改革并未达到预期目标（Alexander Sarris, 1996; Jacob Yaron, 1992)。尽管政府运用大量资源通过建立正规金融部门来建立农村信贷市场制度,但是非正规金融部门(如民间借贷)依然存在并获得不断发展。即便农村正规金融机构的利率远远低于非正规金融部门的利率,也并未将非正规借贷驱逐出农村信贷市场。国外大多数学者对发展中国家的农户参与正规金融机构的借贷行为进行了考察,研究结果表明,仅有一小部分农户能够从正规金融机构处获得贷款,在拉丁美洲、亚洲大约仅占15%,而在非洲仅占5%,且这些贷款大多集中在小部分的大生产者手里。在典型的低收入国家,往往是不到1%的农户获得80%的贷款数额,而仅有15%的农户获得剩余的20%的贷款数额,至少存在80%的农户不能获得贷款(Pishke, Adams和Donald, 1983)。据理·尼斯勃根的抽样调查发现,在智利农村信贷市场上大约仅有30%的农村人口是正规金融机构的客户,而其余人口大多依靠非正规金融市场,甚至部分正规金融机构的客户也要依靠非正规金融市场(McKinnon, 1973)。有关经济欠发达国家的相关研究发现,不论政府是限制还是鼓励,大部分国家的非正规金融在整个金融体系中占33%~75%的比重,甚至在一些国家中非正规金融始终占主导地位,因此构成了正规金融和非正规金融共存的二元金融结构现象。

有关发展中国家非正规金融的发展情况,几乎没有官方的统计资料。事实上,非正规金融参与者为了保持信息优势或是规避政府监管,偏好采取隐匿的交易方式;非正规金融交易行为的多样性,使得官方收集相关资料的成本增加。因此,这些发展中国家非正规金融的发展情况主要来自于其他文献的收集和转述,如表3-1、表3-2所示。

表3-1 全球部分国家和地区非正规金融的发展情况(a)

国家和地区	非正规金融与正规金融比率(%)	参与非正规金融人数占总人口比率(%)	原始文献
孟加拉国(农村)	63	36.5	Germidis et al. (1991)
玻利维亚(城市)	49.4	>33	Berthoud and Miligan (1995); Adams and Canavesi (1989)
喀麦隆	27	70	Schrieder and Cuevas (1992)

续表

国家和地区	非正规金融与正规金融比率（%）	参与非正规金融人数占总人口比率（%）	原始文献
多米尼加	20		Christen（1992）
印度（农村）	39		AIDIS（1981）
印度尼西亚	>80		Robinson（1994）
冈比亚	67		Aryeetey（1984）
韩国（城市）	50		Yearbook of Agric and Forestry（1986）
老挝	46.5	38	UNDP/UNCDF（1997）
马拉维	>100	>19	Chipeta and Mkandawire（1991）
马来西亚（农村）	62		Van Neiukoop（1986）
墨西哥（农村）	50~55		Germidis, Kessler and Meghir（1991）
尼日尔（农村）	45		Graham（1992）
尼日利亚	65	85	Udry（1987）
尼泊尔（农村）	57.1		Nepal Rashtra Bank（1982）
巴基斯坦（农村）	69	33	PRCS（1985）
菲律宾（农村）	59	33	Social Weather Survey（1987）
斯里兰卡	45		Central Bank of Ceylon（1976）
中国台湾地区	23.9		Shea（1994）
泰国	21（50）		Vongpradhip（1985）；Siamwalla（1989）
巴勒斯坦		38.6	Hamed（1998）
赞比亚	84		Nagle（1987）
津巴布韦	87		Nagle（1987）

资料来源：转引自 Kellee S. Tsai. A cycle of subversion: Formal policies and informal finance in China and Beyond. Paper Presented at the 1999 Annual Meeting of the American Political Science Association.

表 3-2 全球部分国家和地区非正规金融的发展情况（b）

国家和地区		非正规金融在金融总量的占比（%）	数据说明
孟加拉国（农村）		33~67	乡村借款总额的份额
印度	（农村）	38	1982 年非正规金融借款
	（城市）	40	

续表

国家和地区		非正规金融在金融总量的占比（%）	数据说明
韩国（农村）		51	农户非正规金融的未偿债务
尼泊尔（农村）		76	1976~1977年农户的非正规金融借款
巴基斯坦（农村）		69	1985年农户的非正规金融借款
菲律宾	（农村）	70	1987年非正规金融借款
	（城市）	45	
斯里兰卡（农村）		45	1975~1976年农户的非正规金融借款
泰国		66	1987年非正规金融借款

资料来源：转引自 Peter J, Montiel, Pierre – Richard Agenor. Informal financial markets in developing countries. Blackwell Publisher, 1994: 19.

同样，在我国农村非正规金融同样占据主导地位，大多数学者对此做过相关调查，如表3-3所示。

表3-3 我国农村非正规金融调查情况

作者（时间）	样本	结论
何广文（1999）	360户	非正规借贷占农户贷款总额的75%
温铁军（2006）	15省24个县41个村	非正规借贷发生率高达95%，高利息发生率高达85%
何安耐等（2000）	5省5村256户	86.6%的借款农户从非正规金融部门获得借款
朱守银等（2003）	皖北6县18村217户	在524笔借款中，非正规借贷占比高达79%
江西农调（2004）	江西省2450户	非正规借款占农户总借贷额的76%~86%
李锐等（2007）	10省30个县3000户	65.4%的借款农户从非正规金融部门借款；72.8%的农户借款金额来自于非正规金融渠道
中央财经大学课题组（2005）	15省	非正规金融借贷占农户总借贷额的比重大于50%

从表3-1、表3-2和表3-3来看，在发展中国家，无论是非正规金融市场的相对规模，还是参与非正规金融市场交易的人口数量，都是不可忽视的。特别是在东南亚、南亚以及非洲一些国家，非正规金融市场更是在国民经济中占有举足轻重的地位。这些国家的金融市场表现出典型的二元结构。

3.3 我国农村二元金融结构现状

自改革开放以来,我国为了推动农村金融市场化发展,进行了一系列战略调整和改革,如表 3-4 所示。

表 3-4 不同阶段农村金融发展特征、战略措施及改革方案

阶段	特征	战略措施及改革方案
第一阶段 (1979~1993 年)	农村金融市场组织的多元化和竞争状态的初步形成阶段	组建邮储、恢复农行;农村信用社重新恢复名义上的合作金融组织地位;放开民间信用的管制,允许民间自由借贷;允许成立民间合作金融组织;允许多种融资方式并存
第二阶段 (1994~1996 年)	分工协作的农村金融体系框架构筑阶段	组建成立农业发展银行;加快了农业银行商业化的步伐;进一步强化农村信用社的合作金融性质;农村信用社的业务管理,改由县联社负责;对农村信用社的金融监督管理,改由中国人民银行承担;基本形成合作金融、商业金融与政策金融三者并存且相互间业务不交叉的局面
第三阶段 (1997~2006 年)	农村信用社主体地位的形成及农村金融改革的深化阶段	在国有银行中推行贷款责任制;收缩国有银行战线;打击各种非正规金融活动,对民间金融行为进行压制,撤销农村信用合作基金会;重点推进农信社改革
第四阶段 (2006 年至今)	探索试点开放农村金融市场的增量改革	允许产业资本和民间资本到农村地区新设银行,农村增设村镇银行、贷款公司和农村资金互助社三类金融机构

2006 年伊始,新一轮改革旨在开放农村金融市场,逐步引导民间资本进入农村金融市场,放宽农村地区民间金融的准入机制。在 2005 年,我国央行在 5

个省市积极推动小额贷款公司试点,在只贷不存服务"三农"的前提下,给予其合法地位,央行的政策意图很明显,旨在农村金融市场引入竞争并大力推动民间金融的正规化。随着农村金融市场门槛的放宽,中央政府采取了一系列措施和战略支持并引导民间金融组织的发展,如表3-5所示。

表3-5 近年来中央一号文件的相关表述

年份	内容
2004年	通过吸引社会资本和外资,积极兴办直接为"三农"服务的多种所有制的金融组织
2005年	探索建立更加贴近农民和农村需要、由自然人或企业发起的小额信贷组织
2006年	允许私有资本、外资等参股乡村社区金融机构;引导农户发展资金互助组织;大力培育小额贷款组织;规范民间借贷
2007年	在贫困地区先行开展发育农村多种所有制金融组织的试点
2008年	鼓励发展信用贷款和联保贷款,积极培育小额信贷组织;通过批发或转贷等方式,解决农村资金来源不足的问题
2009年	抓紧出台农民专业合作社开展信用合作试点的具体办法;大力发展小额信贷和微型金融服务
2010年	加快培育村镇银行、贷款公司、农村资金互助社,有序发展小额贷款组织;支持有条件的合作社兴办资金互助社
2012年	继续发展小额信贷业务;鼓励民间资本进入农村金融服务领域,支持发展多元化农村金融机构,鼓励商业银行到中西部地区县域设立村镇银行;有序发展农村资金互助组织
2013年	支持发展多种形式的新型农民合作组织,实现新型工业化、信息化、城镇化、农业现代化的"四化"同步发展
2014年	积极发展村镇银行,支持小额贷款公司,完善地方农村金融管理体制等方式发展新型农村合作金融

资料来源:根据历年中央一号文件整理得出。

依据亚当斯和费奇特对正规金融和非正规金融的界定方法,正规金融机构是指受到金融市场监管当局或中央货币当局监管的金融组织;反之,非正规金融部门是指处于监管之外的金融交易活动。目前,我国农村金融服务体系形成了正规金融服务体系和非正规金融体系并存的格局。其组织结构如图3-1所示。

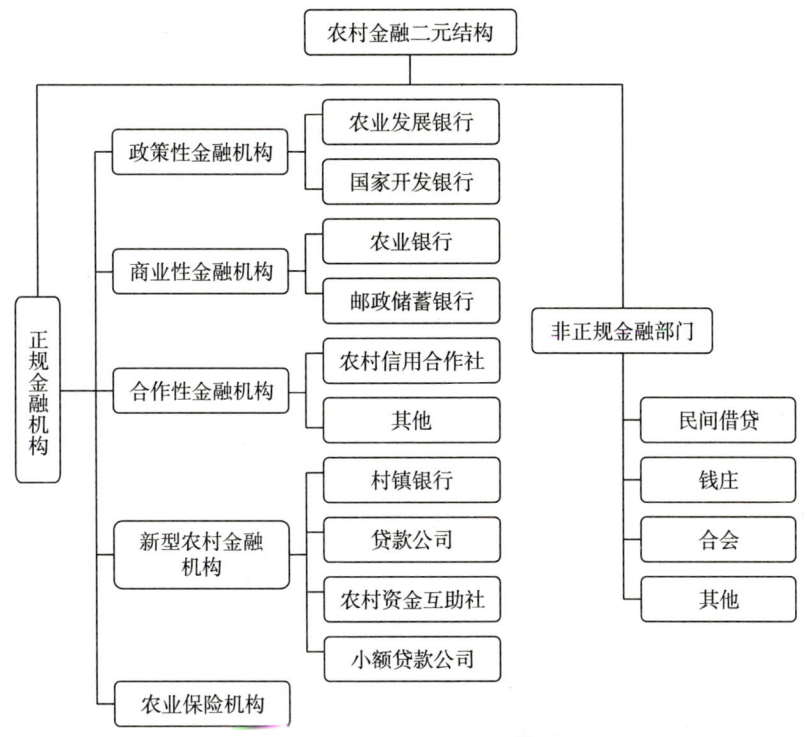

图 3-1 目前我国农村二元金融结构示意

3.3.1 我国农村的正规金融

我国农村金融体制经过 40 年的改革,已形成合作金融、商业性金融和政策性金融"三位一体"的农村金融体系。1994 年 6 月,根据国务院的决定,新组建的中国农业发展银行负责起了管理农副产品收购贷款等业务的政策性金融职能;1996 年 8 月国务院公布了《关于农村金融体制改革的决定》,要求农村信用社与农业银行脱离隶属关系,在此基础上把农村信用社改制成为农民入股、社员民主管理、为入股社员服务的合作金融组织;1997 年 6 月,国务院决定在人民银行内设立农村合作金融监督管理局,主要负责农村信用社的改革工作、行业管理工作以及监管工作。1998 年提出改革农村信用社产权制度、落实农村信用社的风险责任;发放粮食收购贷款由农业发展银行专职承担,其他政策性业务由农业银行承担;1999 年 1 月,正式宣布在全国范围内统一取缔农村合作基金会,在农村信用社内大力推行发放农户联保贷款和小额贷款;2000年,国务院批准江苏进行农村信用社改革试点;2003年5月,农村信用社改革的试点从原来的一个省(江苏省)扩大到8个省市(吉林、山东、江西、浙江、陕西、重庆、贵州和江苏);2004年8月扩大至除藏、琼以外的29个省;2005年的农村金融改革强调了增量改革,突破了原有传统的思路和变革模式,通过增量改革方式激活市场,从而优化金融市场的供给格局,旨在提高农村金融市场效率;而后,中国银监会在2006年6月提出了开放农村金融市场的试点方案,极大地推动了大批新型农村金融机构的诞生。

目前,农村正规金融组织主要包括中国农业发展银行、中国农业银行、农村信用合作社(包括农合行、农商行)、邮政储蓄银行及新型农村金融机构等。

3.3.1.1 农村正规金融支农状况

中国农业银行的商业化程度在农村金融体制改革深化的趋势下,其"去农化"状况日益明显,它主要以服务农村龙头企业、优势产业等为主,背离农村中低收入农户现象越来越严重,再加上职能转变,其难以向农户开展信贷业务。近年来,决策层出台了一系列战略措施与方案对农信社进行体制改革,部分农信社已改制为农合行或农商行,富有"支农主力军"之称的农信社的称号似乎已名不符实,大多数农信社都有远离农户的趋势。虽然国家已经批准邮政储蓄银行可面向农户发放贷款的职能,但是其作用仍然非常有限。

表3-6对农村正规金融支农情况进行了粗略估计,从中可以表明,农业和乡镇企业对国民经济的贡献远远低于金融部门对其的支持力度。如1994年农业产值占GDP比重为19.9%,但农业贷款占全部贷款的比重仅为2.86%;乡镇企业增加值占GDP比重为24.3%,而金融部门的乡镇企业贷款也仅在5%左右。虽然,在1994~2010年,农业产值占GDP比重总体呈下降趋势,但农业贷款占全部贷款的比重也仅徘徊在5%,这显然表明金融部门对农业的支持与农业对国民经济的贡献极为不协调;同时,乡镇企业增加值占GDP比重一直维持在30%左右,而乡镇企业贷款占全部贷款的比重总体却呈下降趋势,但近年来维持在2%左右,这显然远远不能满足乡镇企业生产的资金需求,与其在国民经济中的地位极不协调。

表3-6　1994~2010年农业产值比、贷款比及乡镇企业产值比、贷款比

单位:%

年份	农业产值/GDP	农业贷款/全部贷款	乡镇企业增加值/GDP	乡镇企业贷款/全部贷款
1994	19.9	2.86	24.3	5.01
1995	20.0	3.06	25.3	4.98
1996	19.7	3.14	26.0	4.61
1997	18.3	4.42	28.3	6.72
1998	17.6	5.14	28.8	6.45
1999	16.5	5.11	30.8	6.57
2000	15.1	4.92	30.7	6.10
2001	14.4	5.09	30.6	5.71
2002	13.7	5.24	31.6	5.19
2003	12.8	5.29	31.4	4.82
2004	13.4	5.52	30.5	4.53
2005	12.1	5.92	27.3	4.06
2006	11.1	5.86	26.8	2.76
2007	10.8	5.90	25.6	2.72
2008	10.7	5.81	26.8	2.46
2009	10.3	5.41	27.1	2.27
2010	10.1	—	28.0	—

资料来源：历年《中国统计年鉴》《中国农业年鉴》《中国金融年鉴》(1995~2011年)；由于2010年后数据的统计口径有所变化，此处截至2010年。

3.3.1.2　农村正规金融存在的问题

现阶段，我国农村已形成合作金融、商业金融和政策金融"三位一体"的农村金融体系，但农村农户和农村中小企业的融资难问题仍然没有得到解决。我国农村正规金融仍存在以下主要问题：

一是农村正规金融机构模式与地区差异不兼容。在我国农村地区，由于东中西部地区经济发展水平不同，市场结构与经济结构迥异，不同地区对金融需求的侧重点也各不相同，而以农村信用社为主体①的正规金融体系无法满足我国东中

---

① 从表面上看，农村的正规金融服务体系主要由农业银行、农业发展银行和农村信用社构成。事实上，农村信用社却形成了"一社独大"的垄断局面。

西部地区的农户对金融服务的需求。且我国农村信用社改革具有"一刀切"的倾向,全国农村信用社经营模式、内部管理及激励机制等相差不大,对于市场需求的变化难以做出迅速反应。

二是农村正规金融机构网点少、覆盖率低。在 1994 年后推行的金融机构商业化改革导致农村金融机构不断撤销。随着国有商业银行在金融体制改革中的深化调整、中国农业发展银行的职能由经营综合业务转变为收购单一粮食、农信社难以真正达到改革目的,农村正规金融机构已脱离政策目标,难以满足农村地区的资金需求。在农村地区正规金融机构网点少,覆盖程度比较低,在一些偏远落后地区仍存在金融空白区。而国有银行的商业化改革,导致金融网点大量从农村地区撤出,加剧了农村金融服务网点覆盖面不足现象。2004~2006 年,中国农业银行的网点数由 16926 个下降到 13175 个,农村商业银行网点数由 535 个下降到 505 个,农村信用社网点数由 60869 个下降到 52089 个。① 可见,不论是商业性金融,抑或合作性金融,在农村地区的营业网点数都呈现出收缩态势,涉农信贷也存在不断萎缩的状况,正规金融的缺位进而导致农村严重的金融抑制问题。

三是农村资金大量外流。由于农村地区的金融体制不完善,我国经济政策通常更多地倾向于城市地区,从而使农村资金更多地流向城市工商业,致使农村资金大量外流,且有愈演愈烈的趋势。根据统计数据可获知,在 1994~2003 年,通过邮政储蓄和农村信用社流出的资金达 8000 亿元以上。在 2007 年,农村发展银行、农业银行、邮储及农信社在农村地区吸收的存款在 12 万亿元以上,而当年的涉农贷款合计在 5 万亿元上下,据此估算,大约存在 7 万亿元的农村资金外流。冯庆水和王伟(2010)指出:按 2008 年末全国农村地区银行业金融机构网点数 106953 个计算,平均每个网点转移资金 5113.48 万元;根据中国银监会公布的 2008 年每个乡镇分布银行业金融机构网点 3.51 个计算,平均每个乡镇被银行业金融机构转移走的资金高达 17948.32 万元。这表明,农村地区严重的资金外流现象,大大降低了农村地区的资金保障。我国农村地区的资金和劳动力流动特征主要表现为:农产品市场价格长期低迷、涨跌不稳定,以及农户小规模生产

---

① 中国人民银行农村金融服务研究小组. 中国农村金融服务报告 [M]. 北京:中国金融出版社, 2008.

的低效率,加上大量乡镇企业倒闭,导致农业主产区和农业地区效益低、投资机会少,大量农民外出打工,使其打工收入又通过农村金融机构外流至发达地区,其结果是难以满足农业生产及农村发展所需的资金。

四是新型农村金融机构覆盖面不足,存在"离农脱农"倾向。新型农村金融机构的设立地域,大多数在经济发展较好的县域,而经济发展落后地区往往迫切需要金融服务涉及,但在这些地区引进金融机构存在较大的难度。现实中,从信贷需求主体角度来看,我国新型农村金融机构的覆盖面不足,这一现象违背了银监会设立新型农村金融机构的初衷。由于"三农"业务的"高风险、高成本、低收益"特性,现阶段大多新型农村金融机构的目光主要集中在贷款金融较大的企业主上,而忽视农村地区的"三农"业务,具有"离农脱农"倾向。例如,一些村镇银行考虑到将贷款给县域内工商企业盈利高、风险低,并能通过信贷带动负债业务的增长,从而将贷款投放给县城企业。这样使得农村新型金融机构的绝大部分农户都不是中低收入群体,显然偏离了制度设计目标。

3.3.2 我国农村的非正规金融

非正规金融的表现形式、规模、运行特征等将是本节讨论的内容。

3.3.2.1 农村非正规金融的主要表现形式

我国农村非正规金融形式多样,基本形成了一个从初级民间自由借贷到高级民间金融机构的发展序列。张杰(2003)认为,金融市场上层组织的产生和发展实际上可以归结为金融中介的产生和发展过程。由于民间金融市场缺乏健全的法律和市场等要素相互沟通,从而无法形成更高一级的上层组织,因此其处于不规范状态中(张杰,2003)。依据该逻辑,他按照规范化和组织化水平将民间金融的各种组织形式进行排序,如图3-2所示。发展序列的最低端为农户借贷,而最高端处为信用社。

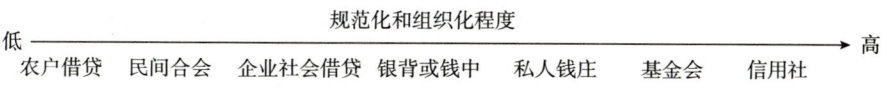

图3-2 民间借贷的组织形式

本小节在已有研究基础上归纳出我国农村非正规金融的主要表现形式。

（1）私人自由借贷。私人自由借贷在农村发生的频率较高，是我国农村非正规金融借贷发生的普遍形态，尤其发生在中低收入借贷者中。在借贷利率上，私人自由借贷主要包括有息和无息（零息）。其中，有息借贷的对象一般为农村个体大户、私营企业等的生产所需。其利率一般参考金融机构同期贷款利率，高于或远远高于金融机构的同期贷款利率，借贷的金额一般较大，期限不定，一般有欠条、担保等借贷手续。由于该借贷形式的存在，往往在农村会分化出一个专门从事发放贷款资金活动的组织，即货币放贷者，他们的收入主要以利息为主，我们通常所说的高利贷也主要是这一组织所从事的，他们主要发放给富裕的农户、个体或私营企业主。现阶段，私人自由借贷在农村地区普遍存在，且有愈演愈烈的趋势（中国社科院课题组，2000；温铁军，2001；朱守银，2003；北京大学中国经济研究中心宏观组，2007）。

（2）关联性借贷。关联性借贷即贸易信贷，是发生在供应商、农户或中小企业之间的一种无抵押品的信用贷款。例如，发生在农业生产资料的供应商、农副产品销售商、私人放贷者及农户之间的借贷行为都是关联性借贷。对那些缺乏抵押和担保品的农户或中小企业而言，他们很难通过正规金融机构借到款，因此，关联性借贷对其而言不失为一种获取短期流动资金的低成本的融资形式。实证表明，该借贷形式能够有效地促进农村地区经济发展，且基本无不良社会影响，主要源于其依靠声誉保障了合约执行的借贷形式具有较低的交易成本，事实上该借贷形式成为借贷活动的一种变相的抵押。

（3）合会。合会是一种比较古老的互助性融资形式，在国外称为信贷协会和轮转储蓄（ROSCAs），广泛存在于发达国家移民社区和发展中国家，它是集信贷与储蓄信贷于一体的融资方式，在我国最早流行于我国东南沿海的浙江、福建、广东等地区（李林子，2009），并且在不同的地方不同的时期有着不同的名称和组织形式。该组织一般是由具有贷款需求的会头发起设立，由会头邀请亲戚朋友（会脚）参加，并按期举行聚会来缴纳一定的会款，此后，按摇色子或竞标方式，或按会脚不同的贷款需求安排会款的使用顺序，且每个会脚都有一次获取会款的机会（张翔和邹传伟，2007）。然而，合会如果发展成人们依靠其牟取暴利的一种手段时，则往往会导致"抬会"现象的出现。所谓"抬会"现象，相当于现实中的传销活动,就是从上向下发展,会套会,形成类似"金字塔"形的一种融资结构。由于"抬会"的资金大多脱离实体经济,从而无法获得利润,并且前边人获得的利润是后来者的本金,则会因为没有新的资金进入会继续"抬会",甚至最终发生"倒会"事件,而一旦发生"倒会"案件(如浙江乐清和平阳等地在20世纪80年代曾发生过严重的"倒会"或"崩会"事件),就会严重影响社会的和谐稳定。

(4)社会集资。集资是一种筹集资金的金融活动。在我国,企业集资作为社会集资的主要表现形式。农村商品经济在生产及分配制度改革后发展不断扩大,从而产生了大量的资金需求,但在改革初期,农村工业部门难以从农村正规金融部门获取贷款,在此情况下,国家提出了一系列政策支持并鼓励社会集资用于农村工业的发展①。因此,1980年以来,社会集资对我国乡镇企业发展发挥了极大的促进作用,但1990年以来,部分个人或组织开始利用集资从事非法活动②,或采取欺骗性方式获取资金,绕过中央银行的利率监管,将资金投放到房地产、证券市场或高开发区,甚或用于进行非法交易活动。在此情况下,中央银行于1998年发布整顿通知,以规范整顿该市场的集资活动。

(5)银背。银背是指借贷中介或经纪人利用其信息优势撮合借款者和贷款者,从而完成资金交易的一种金融活动。非正规金融组织的最原始形态就是银背。借贷中介或经纪人在资金交易活动中起纽带作用,通过发挥联结资金供给作用使信贷交易达成,最终向借款者和贷款者收取中介费用。银背积累的自我资金逐步增多时,也不断演变成为经营存贷业务的借贷专业户。经纪人的介入在扩大金融交易规模和范围的同时,也加大了借款者与贷款者之间的信息不对称。部分银背借助资金的时空差异将从银行获得的贷款转贷给急需资金的人,从而牟取高

---

① 如1984年中央一号文件明确指出"鼓励农民向各种企业投资入股,鼓励集体及个人本着自愿互助的原则,将资金集中起来,联合兴办各种企业",通过这种方式在我国沿海地区,很快兴办了一大批企业,尤其是乡镇企业的发展。

② 其活动方式包括:第一,以非法占有为目的,使用诈骗方法从事的非法集资活动;第二,未经批准擅自从事以还本付息或者以支付股息、红利等形式向出资人进行的集资活动;第三,以发起设立股份公司为名,变相募集股份的集资活动。参见:刘庆峰.乱集资刍议.经济学消息报,2000(44).

额利润。①

（6）私人钱庄。私人钱庄的性质类似于民间商业银行，但未经官方金融监管当局批准，一般是由个人、家庭或若干个朋友设立并拥有，用于专门从事资金借贷及相关的一些中间业务。据相关资料表明，在我国经济发达的沿海地区私人钱庄出现的频率较高，但1989年私人钱庄被金融监管当局正式禁止。自此，私人钱庄分化为两种形式，一种形式是重新登记为正规的合作信用社，另一种形式是"地下钱庄"。尽管"地下钱庄"并没有合法地位，但经调查发现中小企业融资的主要渠道仍是"地下钱庄"（郭斌和刘曼路，2002）。自改革开放程度不断加深以及我国经济体制深化改革以来，"地下钱庄"呈点多面广态势，规模也不断增大，其运作方式越来越隐蔽。我国金融监督部门一直对其严加打击、取缔，不允许私人钱庄的存在。

（7）农村合作基金会。农村合作基金会是社区内为"三农"服务的资金互助组织，而非金融机构。农村合作基金会是在家庭联产承包责任制实施后，农村集体资产流失严重、财产管理混乱，农村资金供求矛盾日前突出的背景下发展起来的。在农村合作基金会成立初期，其蓬勃发展增加了农业自我积累的能力，农村资金净流出的问题也得以初步解决，给农村经济发展注入了新的动力，缓解了农村资金不足的问题（曲国庆和刘成旭，1996）。据收集资料表明，到1992年，乡（镇）一级的农村合作基金会有1.74万个，占乡（镇）总数的36.7%，村一级11.25万个，占村总数的15.4%，而中央在1996年正式提出对农村合作基金会进行整顿关闭时，乡一级的农村合作基金会已有2.1万个，村一级的农村合作基金会有2.4万个（余文渊，2005）。但由于农村合作基金会受政府干预较多，其监督机制较弱，管理能力低，资金投放风险大，严重扰乱了金融秩序，国务院于1996年决定全面整顿农村合作基金会后，多数农村合作基金会归并进入农村信用社，或被实施强制清盘关闭。例如，温州市农村合作基金会，191家中有148家归并入农村信用社，43家被实施强制清盘关闭或自行清盘关闭。

（8）农村资金互助社。农村资金互助社主要是指既未在工商部门登记注册，

---

① 例如，朱德林和胡海鸥（1997）的调查发现，四川平昌县某居民，以建筑队的名义，从某信用社贷款2.5万元，月利率12.24‰，而后又以月利率24%转借给一个体户，从中获得利息差。

又未经银监会批准的农村资金互助社。由类似的或具关联生产的农户,为了获取融资服务,共同发起,依照资本入股、民主管理、互助互利等原则建立起来的互助性金融组织。在 2004 年实施金融新政以来,开始试点农村资金互助社,起步较早的有吉林省梨树县百信资金互助社、河北省定州市翟城农村资金互助社、青海省称多县清水河镇富民农村资金互助社、河南省兰考县贺村互助社、甘肃省崛鑫农村资金互助社等的设立,而在那些尚未获取试点权的个别村庄也开始进行组建,那么这些未经注册且未经银监会批准的农村资金互助社便成为农村非正规金融组织的一种形态。

3.3.2.2 农村非正规金融的规模测度

仅从表现形式上对农村非正规金融进行区分,难以刻画出其真实面貌,还需要准确地测度出农村非正规金融的规模大小。对非正规金融的测度,由于缺乏统一的官方统计,我们可依据近年来国内较权威的调查资料,以窥全貌。从 1986 ~ 2009 年农户借款来源比例图(见图 3 - 3)和已有的调查资料中(见表 3 - 7)可以得出以下几点结论:第一,农村非正规金融是中低收入农户融资的主要渠道。例如,贺莎莎(2008)对湖南农村的调查研究表明,在 2004 ~ 2006 年,样本农

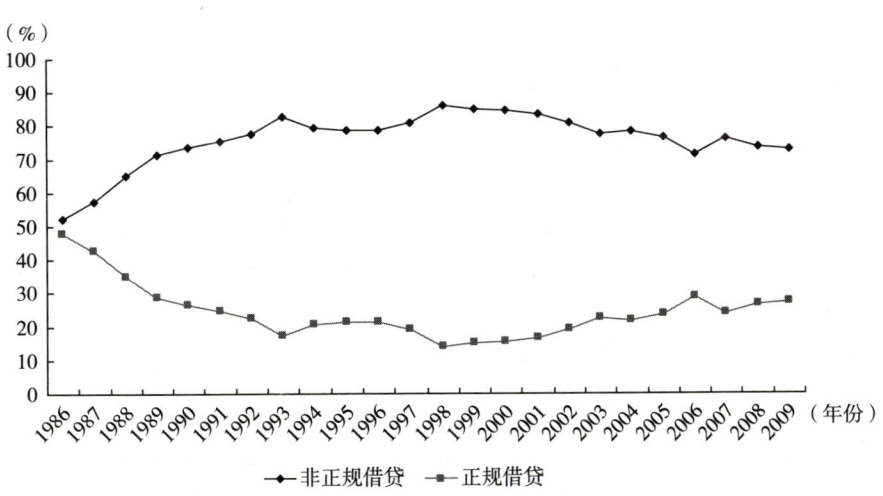

图 3 - 3 1986 ~ 2009 年农户借款来源比例

注:由于缺乏 1992 年和 1994 年的相关数据,故由前后两年数据经过简单平均而获得。
资料来源:农业部农村经济研究中心农村固定观察点资料。

户中，发生正规借款笔数占总笔数的24.5%，而非正规借款占比75.5%，且发现非正规借贷有逐年增加的趋势，而正规借贷所占比例有逐年递减的势头；刘莉亚等（2009）的调查发现，全国31个省市的样本农户中，来自非正规渠道借款的农户占总借款农户数的70%。第二，在我国农村地区确实广泛存在着农村非正规金融活动，但不同地区规模和比重不同。一般而言，相较于发达地区，欠发达地区的非正规金融比重更高。第三，随着农村经济逐步发展，我国农村非正规金融的总体规模呈上升趋势。例如，根据郭沛（2004）的研究结论，我国农村非正规金融的规模总体呈现逐年上升趋势。

表3-7 农村非正规金融规模的测度

作者	范围	指标	大小
郭沛（2004）	全国	农村非正规金融规模	1800亿~2750亿元
李建军等（2005）	福建、河北、山西、云南等全国15省	农户非正规融资规模指数	全国为55.78%，东部、中部和西部分别为56.45%、55.47%、62.43%
苏士儒等（2006）	宁夏3个县	农户非正规融资的规模及比例	样本农户中71%农户向非正规金融部门借过款，户均金额约为9400元
贺莎莎（2008）	湖南花岩溪村	农户从非正规渠道融资的比例	非正规借款笔数占总笔数的75.5%，且发现非正规借贷有逐年增加的趋势，而正规借贷所占比例有逐年递减的势头
金烨等（2009）	对江西、河南、黑龙江等8省	从非正规渠道融资的比例及户均规模	样本农户贷款中，有26.5%来自正规机构，而51.8%来自非正规渠道
穆林（2009）	浙江和福建	非正规融资的户均规模	2008年，浙江省的调查样本农户户均规模为2.89万元，总规模为2166亿元；福建省的调查样本农户户均规模为1.49万元，总规模为678亿元
刘莉亚等（2009）	全国31个省1000个自然村	农户从非正规渠道融资的比例	约70%的借款来自非正规渠道，其中，80%的生产性信贷来自非正规渠道，91%的生活性信贷来自非正规渠道

3.3.2.3 农村非正规金融的总体运行特征

随着市场化改革深入，在农村金融市场上非正规金融经历了曲折的发展，并在农村金融市场中占较大份额。20世纪80年代以来，农村非正规金融开始出现，主要表现为亲朋好友之间的互助性借贷以及个体或私营企业的内部集资，规模和范围都较小。到20世纪90年代中期，中国农村非正规金融蓬勃发展，处于兴盛时期，农村非正规金融融资规模和范围逐渐扩大，而且对农村经济发展起了重要作用。进入90年代中期后，国家开始严加打压、取缔农村非正规金融，大批非正规金融活动从而转入到地下，成为"地下金融"。

在我国农村地区，非正规金融活动范围广泛，根据农业部农村固定观察点数据统计（见表3-8），从农户借贷资金来源看，1995~2009年，东部、中部、西部地区均以民间借贷为主，而全国借款中约70%来源于民间借贷，但不同区域存在明显差异，东部地区民间借贷资金的占比较大，其次为中部，而西部最小。农户从农村正规金融渠道借款的占比并不高，就全国而言，占比为20%~40%。从农户借贷资金的用途来看，全国借贷资金用于生活方面的比例为50%左右，用于生产方面仍然约为50%，两者比例相当。但个同区域借贷资金用途差异较大，在东部地区，生活与生产方面资金比例相当；中部地区则大体表现出生活性借贷比例高于生产性借贷比例；在西部地区，较生活性借贷，生产性借贷比例更高。因而，在农村非正规金融借贷中，西部地区生产性借贷资金比例最高，生活性借贷比较弱化。总体而言，农村非正规金融不仅活动范围广，而且对农村社会经济影响也比较大。

表3-8 不同区域农户借贷渠道及其行为

	年份	年内借款（元）	借贷资金来源（%）			借贷资金用途（%）		
		户均	银行	民间借贷	无息	生活	生产	农业
全国	1995	1090.85	24.13	67.86	51.86	45.92	54.08	36.36
	1996	1307.32	25.46	69.00	51.57	53.03	46.97	31.09
	1997	1229.96	23.89	70.43	54.15	59.69	40.31	28.25
	1998	1319.47	20.95	73.96	49.56	54.10	45.90	31.69
	1999	1446.02	24.54	69.36	61.31	55.88	44.12	22.66

续表

年份		年内借款（元）户均	借贷资金来源（%）			借贷资金用途（%）		
			银行	民间借贷	无息	生活	生产	农业
全国	2000	1450.43	29.53	68.64	35.86	49.45	50.55	10.47
	2001	1477.78	29.04	68.69	33.79	61.82	38.18	9.18
	2003	1709.93	32.88	66.13	40.61	50.33	49.67	12.36
	2005	1716.50	35.78	61.77	40.01	50.52	49.68	16.51
	2007	1669.30	38.57	58.15	47.40	54.94	45.06	13.31
	2009	2384.32	37.09	61.68	40.78	61.55	38.45	12.46
东部	1995	1507.82	14.58	73.71	37.78	42.28	57.72	41.77
	1996	1716.03	22.31	72.55	45.14	50.82	49.18	34.90
	1997	1505.24	13.49	81.78	52.36	63.44	36.56	25.15
	1998	1753.76	13.61	84.18	45.02	52.92	47.08	25.13
	1999	2038.27	20.89	72.59	46.27	54.03	45.97	19.14
	2000	1993.04	26.61	72.41	32.65	49.46	50.54	10.45
	2001	2082.05	28.00	70.65	31.95	64.14	35.86	9.53
	2003	1845.12	26.43	72.16	44.65	55.11	44.90	8.15
	2005	2003.30	31.09	65.83	42.94	55.11	44.89	18.45
	2007	1878.10	34.50	60.90	47.97	59.34	40.66	14.60
	2009	2791.07	41.85	56.07	34.52	62.74	37.26	12.43
中部	1995	881.29	29.34	67.42	70.54	52.79	47.21	22.89
	1996	1037.47	24.37	71.64	60.05	61.06	38.94	27.52
	1997	1163.84	26.59	69.31	59.84	59.59	40.41	28.31
	1998	1084.01	19.99	76.72	56.58	61.22	38.78	26.29
	1999	1105.05	19.98	76.57	58.92	60.55	39.45	22.52
	2000	1064.07	21.25	77.05	51.39	59.16	40.84	10.62
	2001	963.33	17.93	81.26	52.65	66.38	33.62	9.04
	2003	1410.02	26.89	70.94	49.02	52.67	47.33	17.37
	2005	1480.80	35.82	61.72	46.94	52.43	47.57	19.77
	2007	1592.10	33.43	64.38	54.04	56.70	43.33	14.37
	2009	1806.44	26.38	73.60	57.11	67.41	32.59	19.34

续表

年份		年内借款（元）	借贷资金来源（%）			借贷资金用途（%）		
		户均	银行	民间借贷	无息	生活	生产	农业
西部	1995	811.65	40.77	53.31	65.14	44.52	55.48	39.86
	1996	1121.62	33.79	57.69	54.88	46.97	53.03	26.98
	1997	942.26	42.23	47.10	45.82	51.49	48.51	33.40
	1998	1108.91	36.62	50.24	49.88	46.74	53.26	48.36
	1999	1135.81	39.84	51.31	52.66	53.83	46.17	31.37
	2000	1234.45	45.04	52.38	25.06	36.02	63.98	11.09
	2001	1326.66	44.59	49.17	16.65	50.71	49.29	9.35
	2003	1946.57	44.01	52.84	26.28	41.35	58.65	12.91
	2005	1653.10	43.66	54.96	26.53	40.30	59.70	9.05
	2007	1459.00	56.24	41.38	34.15	43.97	56.03	9.14
	2009	2619.10	40.29	58.63	34.19	53.42	46.58	5.31

资料来源：根据《全国农村社会经济典型调查数据汇编（1986～1999年）》和《全国农村社会经济典型调查数据汇编（2000～2009年）》整理计算得出。

大多数学者认同我国农村非正规金融部门与正规金融部门相互分割，但就非正规市场上的利率特征上，由于调查样本上的差异，导致对其判断有分歧。非正规金融市场上的利率水平差别较大，利率随着地理区位、资金来源及借贷双方的特点变化而变化，有时候非正规金融市场的利率可以达到很高的水平。由于在非正规金融借贷多是在正规金融机构无法获得借款的情况下进行的，利率往往会根据借款的主体、期限长短及其用途等而变化，所以利率的弹性和不确定性较大。

当前，在我国农村非正规金融活动中存在零息或低息、有息或高息并存的结构。零息或低息一般发生在亲朋好友之间的互助性借贷，互助形式的农村非正规借贷期限较短，主要应付临时生活急需，建房、婚丧病葬、季节性生产资金急需等。有息或高息多发生在那些遭受正规金融机构信贷配给而不得不寻求非正规支持，其利率高于正规金融机构贷款利率2～3倍，甚至更多的借贷主体上。在叶敬忠等（2004）的调查中，280笔农村非正规借贷中，零息借贷有178笔，有息借贷仅有2笔，但调查发现，所谓无息借贷并不是完全无息，无偿借了别人的钱往往会背上"人情债"，对于这个"人情偿"，大多数农户表示会在今后有可能的条件下给对方提供无偿贷款,或给对方提供劳动帮工来偿还这个"人情",所以无息借贷并不完全是无息的,只是这种利息形式并不是以现金形式支付,这也就是我们所说的隐性利息。但随着农村经济发展以及市场经济体制建立与完善,农村非正规金融借贷中的无息或低息借贷的比例会逐渐下降,而有息或高息借贷比例不断上升。针对不同的经济条件、借贷资金用途使用方面等差异,利率变动幅度相对较大,如用于农村企业生产性投资的借贷资金,其利率相对较高,而用于生活性急需资金,则借贷利率较低。

对于从非正规金融获取资金的使用方向上,从总体上讲,主要用于生活性赤字弥补、生产性投资(包括农业和乡村工业)和非正常借款①。对于经济发达的农村区域,非正规借款主要用于工商业投资,而生活性和非正常借款的比例则相对不高,这一点可以在针对我国浙江、江苏等经济发达的农村非正规金融研究中得到相应的证实。对于经济欠发达的中部、西部农村地区,农村非正规融资资金更多的是用于补贴家庭生活或临时应急所需。可见,非正规金融的形式安排与农户经济活动特征紧密相关,对应着农户不同层次的金融需求,其出现是一种理性反应(温铁军,2001)。

在我国发生的农村非正规金融借贷大多是不需要抵押担保品或对抵押品担保品的要求很低,这与大多数发展中国家的农村非正规金融活动相类似,它们大多通过对借款者的信用及对贷款项目的了解情况来判断其所需的借贷需求,借贷合约的执行主要依靠类似同伴监督机制或某种社会约束力来保证其有效执行,而并非通过国家的法律体系。

3.3.3 我国农村二元金融结构运行特征

3.3.3.1 农村正规金融业务机构逐步萎缩,非正规金融不断盛行

自国有银行进行商业化改革后,我国农村地区的金融机构逐步萎缩,国有银行的资金不断向城市和工业发达地区倾斜,而远离农村。据韩俊(2009)调查发现,农村正规金融机构对农户贷款覆盖率极低,服务农村不到位问题非常突出,大约只有20%的农户能够获得正规金融机构的贷款,农户大部分的信贷需求通

---

① 非正常借款主要有小孩上学、婚嫁、各种摊派费、天灾人祸等。

过非正规金融途径获得满足。国外研究与此结论一致,绝大部分农户借款来源于农村非正规渠道,仅有一小部分农户能够从正规金融机构获得贷款,在拉丁美洲和亚洲大约为15%,而非洲仅为5%,且大多数贷款都集中在很小部分的大生产者手中,至少存在80%的农户不能获得贷款,剩余的20%的贷款仅有15%的农户获得(Pishke,Adams和Donald,1983)。

3.3.3.2 农村正规金融机构成为农村资金外流的渠道

虽然中央一号文件一再强调"三农"问题,全国新型农村金融机构也呈现蓬勃发展态势,但农业领域的资金却一直很少。这些新型农村金融机构在经营过程中将目光盯向贷款金额较大的工商企业,而对有迫切贷款需求农户的关注远远不够,显然偏离了制度设计目标(葛永波,2011)。现有的农村正规金融机构不仅不能为农村地区聚集资金,反而成为农村资金转移的重要渠道,而农村资金需求,大多靠自我积累及通过非正规金融渠道获得。农业银行的集约化、商业化经营导致农村乡镇网点大多已被演变成单纯的吸储机构,进而使农村相当一大部分资金外流。

农村信用社作为农村金融市场的主力军,已成为农村资金外流的主要渠道,如表3-9所示。

表3-9 农村信用社资金外流情况

年份	存款余额(亿元) (1)	贷款余额(亿元) (2)	存贷差(亿元) (3)=(1)-(2)	存贷比(%) (4)=(2)/(1)
1978	166	45.1	120.9	27.17
1979	215.9	47.5	168.4	22.00
1980	272.3	81.6	190.7	29.97
1981	319.6	96.4	223.2	30.16
1982	389.9	121.2	268.7	31.08
1983	487.4	163.1	324.3	33.46
1984	624.9	354.5	270.4	56.73
1985	724.9	400	324.9	55.18
1986	962.3	568.5	393.8	59.08
1987	1225.2	771.4	453.8	62.96

续表

年份	存款余额（亿元）(1)	贷款余额（亿元）(2)	存贷差（亿元）(3)=(1)-(2)	存贷比(%)(4)=(2)/(1)
1988	1399.8	908.6	491.2	64.91
1989	1669.5	1094.9	574.6	65.58
1990	2144.9	1413	731.9	65.88
1991	2709.4	1808.6	900.8	66.75
1992	3478.5	2452.8	1025.7	70.51
1993	4297.3	3143.9	1153.4	73.16
1994	5681.2	4168.6	1512.6	73.38
1995	7172.9	5175.8	1997.1	72.16
1996	8793.6	6289.8	2503.8	71.53
1997	10555.8	7273.2	3282.6	68.90
1998	12191.5	8340.2	3851.3	68.41
1999	13358.1	9225.6	4132.5	69.06
2000	15129.4	10489.3	4640.1	69.33
2001	17263.5	11971.2	5292.3	69.34
2002	19875.5	13937.7	5937.8	70.13
2003	23710.2	16978.7	6731.5	71.61
2004	27289.1	19237.8	8051.3	70.50
2005	27605.6	18680.9	8924.7	67.67
2006	30341.3	20691.9	9649.4	68.20
2007	35167	24121.6	11045.4	68.60
2008	41529.1	27449	14080.1	66.10
2009	47306.7	32156.3	15150.4	68.00
2010	50410	33973	16437	67.39
2011	55699	36716	18983	65.92

注：1978~1991年，各项存款包括集体农业存款、乡镇企业存款、农户储蓄存款和其他存款，各项贷款包括集体农业贷款、乡镇企业贷款、农户贷款和其他工商企业贷款；1992~2001年，各项存款包括企业存款、储蓄存款、农业存款和其他存款，各项贷款包括农业贷款、乡镇企业贷款和其他贷款；2002年以后，各项存款的构成为企业存款、机关团体存款、储蓄存款、农业存款和其他存款，各项贷款的构成为短期贷款和中长期贷款。

资料来源：《中国金融年鉴》（1992~2012年）。

表 3-10 反映了农村资金通过邮政储蓄外流的状况，在全部储蓄存款余额中，约 1/3 来自农村，这些存款全部通过缴存（1986~1989 年）、转存（1989~2003 年）中央银行的方式或上划邮政储汇省局、总局的方式流出了农村。2007 年邮储银行正式成立后，尽管可以向农民发放贷款，但由于农户缺乏抵押物，仍然得不到银行的贷款。2013 年，邮储银行自上而下组建了"三农"金融部及"三农"金融服务机构这一覆盖全国的支农服务组织架构，引入非传统抵质押物创新涉农小额贷款产品，不断加大对"三农"金融的服务力度，邮政资金回流农村的政策障碍似乎已消除，但回流农村的道路仍较漫长。

表 3-10 邮政储蓄存款情况

年份	储蓄存款余额（亿元）	其中：农村（亿元）	农村占比（％）	年份	储蓄存款余额（亿元）	其中：农村（亿元）	农村占比（％）
1986	5.64	—	—	1996	2146.55	740.06	34.5
1987	37.6	—	—	1997	2645.68	882.78	33.4
1988	70.34	—	—	1998	3202.05	1078.96	33.7
1989	100.84	24.4	24.2	1999	3815.37	1262.68	33.1
1990	180.34	45.76	25.4	2000	4579.21	1632.69	35.7
1991	315.5	88.02	27.9	2001	5908.46	2024.85	34.3
1992	476.76	124.73	26.2	2002	7363.46	2511.85	34.1
1993	615.9	215.16	34.9	2003	8985.69	3066.13	34.1
1994	994.25	339.03	34.1	2004	10787.25	3468.31	34.9
1995	1615.83	546.9	33.8	2005	13598.98	4861.69	35.8

资料来源：《中国金融年鉴》（1992~2006）。由于 2006 年后统计口径发生变化，数据截至 2005 年。

表 3-11 反映了 1979 年以来通过农业银行农村资金外流的情况。可以看出，农业银行的存款余额在不断上升，贷款余额也在不断上升，但其中对乡镇企业和农业的贷款总额与比重都在不断下降。

表3-11 农业银行存贷款及其资金净流出

年份	各项存款（亿元）(1)	各项贷款（亿元）(2)	其中：农业贷款（亿元）	乡镇企业贷款（亿元）	农业贷款和乡镇企业贷款占比(%)	存贷差（亿元）(1)-(2)	存贷比（%）(2)/(1)
1979	280.07	410.98	99.97	29.89	31.60	-130.91	146.74
1980	368.04	512.01	113.76	52.99	32.57	-143.97	139.12
1981	422.57	565.02	120.05	62.14	32.24	-142.45	133.71
1982	502.20	623.08	131.63	73.37	32.90	-120.88	124.07
1983	588.04	716.23	144.41	80.02	31.33	-128.19	121.80
1984	718.80	1459.64	202.35	157.68	24.67	-740.84	203.07
1985	912.35	1687.70	221.76	187.98	24.28	-775.35	184.98
1986	1211.80	1996.12	279.83	287.93	28.44	-784.32	164.72
1987	1487.30	2319.26	338.68	350.07	29.70	-831.96	155.94
1988	1713.73	2632.15	396.80	407.69	30.56	-918.42	153.59
1989	2055.46	3058.17	463.93	420.61	28.92	-1002.71	148.78
1990	2640.55	3774.34	562.93	462.18	27.16	-1133.79	142.94
1991	3319.51	4578.07	695.45	498.43	26.08	-1258.56	137.91
1992	4130.94	5468.10	846.93	582.51	26.14	-1337.16	132.37
1993	5130.18	6565.02	857.62	774.61	24.86	-1434.84	127.97
1994	6721.82	5524.59	876.57	938.37	32.85	1197.23	82.19
1995	6939.43	6560.53	1121.36	1105.49	33.94	378.90	94.54
1996	9310.40	8566.47	1230.66	1291.43	29.44	743.93	92.01
1997	11322.41	9809.57	1530.49	1514.54	31.04	1512.84	86.64
1998	13324.29	13667.60	1775.55	1747.63	25.78	-343.31	102.58
1999	15492.79	15550.61	1737.44	1900.39	23.39	-57.82	100.37
2000	17515.89	14497.16	1287.83	1412.76	18.63	3018.73	82.77
2001	20242.53	16045.95	1255.07	1449.52	16.86	4196.58	79.27
2002	24106.88	18578.95	4417.42*	—	23.78	5527.93	77.07
2003	29004.72	22118.43	4569.15*	—	20.66	6886.29	76.26
2004	34173.22	25146.26	4636.10*	—	18.44	9026.96	73.58
2005	39702.82	27405.80	4508.78*	—	16.45	12297.02	69.03

注："*"指包括常规业务的农业贷款、农副产品收购贷款、供销社贷款、乡镇企业贷款及专项业务各项贷款。

资料来源：1979~1995年数据来源于《中国农村金融统计年鉴》，1996~2001年数据来源于《中国农业银行统计年鉴》，2002~2005年数据来源于《中国金融年鉴》。由于2006年后数据统计口径发生变化，数据截至2005年。

3.3.3.3 农村金融市场的二元分割

农村正规金融与农村非正规金融市场之间缺乏联系，则会处于不同市场领域和层级，则体现了农村金融市场的二元分割。农村正规金融主要对龙头企业、富裕农户等优质客户进行放贷，而农村非正规金融的放贷对象一般为农户、中小企业等弱势群体。在早期就有记载，发展中国家的二元金融体系存在明显的分割性，正规金融市场与非正规金融市场之间资金不能自由流动，且在放贷对象上也基本不重叠（Seibel 和 Marx，1987；Nissanke，1992）。同时，从利率水平来看，两个市场也体现出分割性。农村非正规金融市场利率水平一般高于官方利率2～3倍，甚至更高，而农村正规金融市场的利率偏低（张军，1997）。总之，农村金融市场的二元分割性，使两个市场之间的资金无法自由流动，同时利率的管制使得各市场资金不能在利率调节下实现资源的优化配置。

3.3.3.4 农村金融市场化程度低

农村金融市场化程度低主要体现在利率的定价方面。利率水平应充分考虑到成本与收益因素，但农村金融市场上供求关系决定下的均衡利率高于法定利率，会使得借款农户很难通过正规金融获取资金需求，该情形可能导致两种状况：一是导致正规金融机构发生寻租行为，滋生腐败问题；二是导致农户转向非正规金融进行借贷，而较高的附加利率又会增加借款成本，进而加大借贷风险。非正规借贷多是无息或高息，主要根据放贷者的不同目的和动机所决定的。亲朋好友之间的互助性借贷多是以应付临时所需为目的；高息是由农村资金高成本、风险性和稀缺性所决定的，如农村借贷主体赖账的风险。

3.4 本章小结

不论是金融自由化政策，还是对非正规金融的打压政策，都无法消除非正规金融。在世界各国广泛存在非正规金融。特别是在东南亚、南亚以及非洲一些国家，非正规金融更是在国民经济中占有重要地位。这些国家表现出典型的二元金融结构特征。

3.4.1 农村正规金融

20世纪90年代中期以来，我国农村初步形成合作金融、商业性金融和政策性金融"三位一体"的农村金融体系。目前，农村地区的正规金融组织主要包括中国农业发展银行、中国农业银行、农村信用合作社（包括农合行、农商行）、邮政储蓄银行及新型农村金融机构等。

中国农业银行的商业化程度在农村金融体制改革深化的趋势下，其"去农化"状况日益明显，它主要以服务农村龙头企业、优势产业等为主，背离农村中低收入农户现象越来越严重，再加上其职能转变，其难以向农户开展信贷业务。尽管有支农"主力军"之称的农村信用合作社进行了如火如荼的体制改革，部分农信社已改制为农合行或农商行，但富有"支农主力军"之称的农信社的称号似乎已名不符实，大多数农信社有远离农户的趋势。虽然国家已经批准邮政储蓄银行可面向农户发放贷款的职能，但其作用有限。农村正规金融机构整体体现了支农力度不足。其存在的主要问题包括：一是农村正规金融机构模式与地区差异不兼容；二是农村正规金融机构网点少、覆盖率低；三是农村资金大量外流；四是新型农村金融机构覆盖面不足，具有"离农脱农"倾向。

3.4.2 农村非正规金融

农村金融市场的主力军是非正规金融，而不是农村正规金融机构。在我国农村，非正规金融形式多样，基本形成了一个从初级民间自由借贷到高级民间金融机构的发展序列。归纳出我国农村非正规金融的主要表现形式有私人自由借贷、关联性借贷、合会、社会集资、银背、私人钱庄、农村合作基金会、农村资金互助合作社等。

据已有的调查资料可以得出以下几点结论：第一，农村非正规金融是中低收入农户融资的主要渠道，尤其是对中低收入的贫困农户；第二，在我国农村地区确实广泛存在着农村非正规金融活动，但不同地区规模和比重不同，一般而言，相较于发达地区，欠发达地区的非正规金融比重更高；第三，随着农村经济逐步发展，我国农村非正规金融的总体规模呈上升趋势；第四，在我国农村非正规金融活动中存在零息或低息、有息或高息并存的结构；第五，对于从非正规金融获取资金的使用方向上,从总体上讲,主要用于生活性赤字弥补、生产性投资(包括农业和乡村工业)和非正常借款;第六,与其他发展中国家的农村非正规金融市场类似,我国农村非正规金融市场上发生的借贷很少要求抵押品,而是通过对借款者及其项目的了解来判断其所需的借贷需求。

3.4.3 中国农村二元金融结构运行特征

在我国农村广泛存在的正规金融与非正规金融并存的二元金融市场,表现了以下特征:一是农村正规金融业务机构逐步萎缩,非正规金融不断盛行;二是农村正规金融机构成为农村资金外流的渠道;三是农村金融市场的二元分割性;四是农村金融市场化程度低。

第4章 农村二元金融结构现象成因及存在的合理性

既然农村二元金融结构已经成为一个世界性的现象,我们感兴趣的问题是农村二元金融结构现象的成因是什么?在探究农村二元金融结构现象成因之前,我们有必要首先考虑这样一个耐人寻味的景象:尽管官方正规金融安排提供非常廉价的信贷资金,但是为什么这种廉价信贷无法驱逐民间的"高利"借贷?这个问题引出有关"农村非正规金融安排"是否理性的争论。这是农村金融领域中的一个关键问题。如果不对此问题进行富有说服力的阐述,就无法深入、全面地了解农村非正规金融存在的理由,也就无法了解农村二元金融结构现象的根源和价值。

4.1 理论回顾与评述

在广大的发展中国家普遍存在二元金融结构特征。对于二元金融结构现象的解释,国内外主要存在两种观点:一种观点认为二元金融结构的出现是由于政府实施的利率管制等政策形成的;另一种观点认为二元金融结构是由市场信息不对称以及筛选、监督、合约交易成本等方面的差异产生的。

第一种观点的代表是金融抑制假说(McKinnon,1973;Fry,1982、1988),该假说认为发展中国家二元金融结构的产生是由于政府压制政策所导致,政府的过度干预政策导致了金融抑制以及市场低效率（Roe，1990）。Taylor（1983）的新结构主义方法也强调了农村二元金融结构是对转轨经济中政策扭曲和金融抑制的理性回应。政府实施的利率高限，阻碍了资金的形成并刺激了资金的需求，过度的资金需求促使金融机构采取非利率方式对资金实施配给，而非正规金融并不受利率设限的影响，从而得以发展，并形成了二元金融结构。Anders Isaksson（2002）认为非正规金融的产生是转轨经济中金融抑制的产物。众多学者持有相同的观点，如杜朝运（2001）、彭兴韵（2002）、张杰等（2003）、易秋霖和郭慧（2003）等。

第二种观点的代表是非对称信息和交易成本假说，其假说认为发展中国家二元金融结构产生是由于信息不对称以及筛选、监督、合约交易成本等方面差异所产生的（Hoff 和 Stiglitz，1994）。由于信息不对称所导致的逆向选择与道德风险问题，会造成市场失灵，从而致使利率失衡，影响金融资产的风险组成（Stiglitz 和 Weiss，1990）。由于考虑到风险因素，单纯提高贷款利率会进一步提高借款者的违约可能；而通过信贷配给则可以预防逆向选择效应和激励效应，对借款者进行分类和筛选，达到贷前防范风险目的。可见，在资金需求存在过度的情况下，贷款者会采用非利率手段，求助于非价格配给方式，从而使信贷配给即使不存在利率限制情况下，也能够实现市场均衡（Stiglitz，1991），即非正规金融的根源并不完全是金融抑制。林毅夫、孙希芳（2005）通过构建金融市场模型，该模型中包括异质性的借款者和贷款者，其研究认为非正规金融具有收集关于借款者"软信息"方面的优势，证明了非正规金融的存在可以改善借款者"融资难"的问题，进而有效提高资金配置效率。由于正规金融市场存在信息不对称，从而导致逆向选择和道德风险问题，而非正规金融能够克服该方面问题，具有一定的信息优势，从而导致了二元金融结构的存在（张建军等，2002；刘民权等，2003；姜海军等，2006）。

从以上分析可以看出，国内外学者从不同角度分析了非正规金融存在的原因，并由此形成的二元金融结构现象。以上阐述或许可以部分解释二元金融结构现象存在的成因。但对于农村二元金融结构现象的理论解释并没有建立统一的理论分析范式，且大多数文献总是先入为主地强调农村正规金融既定条件下农村非正规金融的状况，将正规金融看作非正规金融的前提，其实非正规金融在正规金融出现之初就已存在，我国的农村非正规金融已经存在了几千年之久（张杰，2003），先入为主的判断可能会忽视农村二元金融结构现象存在的真实原因。同时，将二元金融结构的形成归因为金融抑制或信息不对称等原因都不能具体解释农村现实的经济现象（高新波，2006）。由于中国农户存在特殊性，现有观点并不能用来解释中国农村非正规金融形成的根本原因，无法解释贯穿其中的逻辑。因此，笔者认为，对于中国农村二元金融结构问题，如果离开中国农村社会的背景以及农户特性去分析，就难以清晰地认识到产生农村二元金融结构现象的深层次原因。基于此，本书在前人研究基础上，基于中国农户的特殊性出发，主要从内部原因阐明非正规金融形成的根本原因及其形成的农村二元金融结构现象成因，及其存在的客观必然性。笔者认为，只有了解农户的家庭特征，由此了解农户的金融偏好，才能够准确把握农村二元金融结构的成因。

4.2 农村二元金融结构形成的根源：基于农户视角

依据一般经济学理论，所有的需求都可在市场上获得满足，都可引致出市场上对应的供应。因此，如果正规金融市场存在边界，则会与农村借贷主体差异化的金融需求相矛盾，导致无法满足农村借贷主体的信贷需求。要解决这一矛盾，需要引入具备适应农村借贷主体融资需求特征的替代物，而且这种替代物能够克服正规金融的种种不足，该替代物便是非正规金融。非正规金融可以满足众多遭受正规金融配给的农村借贷主体的信贷需求，它作为一种内生性制度安排早已存在。

农村非正规金融的生成并由此形成的农村二元金融结构受内在因素和外在原因的综合影响，其中内在因素即农村社会农户的特性起决定作用，是其产生与发展的深层次原因；外在原因即金融抑制也催生了我国农村非正规金融的蓬勃发展。由于从金融抑制角度对其分析的文献较多，此处不再赘述。由于农村经济的基本单位是农户，所以我国农户的行为特征及其所决定的代表性金融需求构成本书的逻辑起点。据此，本书仅从农村农户特殊性这一视角对其内在的深层次原因进行解析。

4.2.1 农村二元金融结构形成的根源

从理论上讲,农村正规金融信贷安排适用于以经营为目的的农业生产方式,而与农村小农社会的农业生产目的不同。可见,中国农户的信贷需求将首先借助于自有资金或非农收入填补资金需求,其次则是圈层内部的友情借贷与熟人借贷或国家正规金融机构的信贷支持,最后在正规金融机构信贷得不到支持的情况下,迫不得已会选择高息的非正规借贷,这与农村小农经济社会圈层结构相适应。

我国传统农户的特殊性决定了农户的信贷行为,是农村非正规金融存在的基础。在农村经济发展的初始阶段,由于农户的经济状况未得到很大提高的情况下,农户的生活还具有相当的不确定性,农户在不同时间段发生的相互之间的借贷行为实际是互相提供保险以对付外来风险的一种次优选择。经济发展越是滞后,农民收入越处在低水平,相互间的担保越有必要,民间借贷就越普遍。我国农户的"半无产化"特征,决定了农户的借贷主要是以非生产性借贷为主。改革开放以来实行的家庭联产承包责任制,实际上是重新恢复存续已久的小农经济。小农经济缺乏正规金融存在的产业基础,更多的是一种维持生活和简单再生产的逻辑。同时,小农特有的"圈层结构"成为农村普遍存在的友情借贷的信用基础。依据"拐杖逻辑",黄宗智认为非农务工收入是农业家庭收入的"拐杖"。实际表明,该"拐杖"对农户的借贷行为具有重要影响。中国小农经济的特性及小农的借贷行为特征决定了农户的资金缺口要么通过非正规渠道弥补,要么通过增加非农收入补充,从而我国维持了几个世纪基本未变的小农经济与金融结构,而商业性质的正规金融借贷在中国小农经济基础上不存在发展的条件与空间(张杰,2005)。

在我国农村社会的圈层结构中,家族无法解决的问题,则会随着圈子的扩大而逐渐过渡到熟人社会中,向其寻求帮助。在这个彼此熟悉的圈层社会中,自然利于建立信用关系,而且"乡土社会的信用不是对契约的重视,而是发生于对一种行为的规矩熟悉到不假思索时的可靠性"(费孝通,1985)。既然该信用关系是以感情来维系的,我们不妨称之为人情信贷。可见,外来人员在融入这个血缘社会之前是很难获取无息的人情信贷的。需强调的是，彼此熟悉的血缘社会中无法孕育出纯粹的商业性交易活动，因为一切交易行为都将带有馈赠性质，人情信贷亦如此。

然而，随着农村社会的演进，人情信贷也得到了发展。社会进程越发达，人际关系越复杂，则单靠人情来维系彼此间权利义务的平衡会显得力不从心。便内生地产生了信用互助组织，并一致遵守"避免同族亲属，侧重无亲属关系的朋友"的原则，以此缓解由于过度重叠的人情导致的社会关系负担。与亲朋好友间的讨价还价难以启齿，而在外来者面前该行为则显得理所应当。正是处于血缘社会边缘上的外乡人多半成为商业性交易活动的媒介，推动了街集贸易向店面贸易的发展，农贩、大土地所有者以及职业货币借贷者也逐渐打下了人情信贷的基础（王芳，2005）。他们的行为以逐利为目的，这与信用互助组织有明显区别。在形式上，有些以赊销赊购为特点，类似商业信用形式；有些既能借入也能借出，还会要求抵押品，实质上从事了非正式的储蓄信贷活动。

农村非正规金融经历了从民间自由借贷到高级民间金融组织的历史演变过程。在该演变过程中，农村非正规金融的社会属性和经济属性的地位也随之发生了相应的变化。起源于农村乡土社会的民间自由借贷，主要表现为亲朋好友之间的友情借贷，大多是无息或低息借贷。农村非正规金融起源的最初模式是友情借贷，以平滑生活需求为主，其基本要义是生存性借贷。

有什么样的金融需求，就有什么样的金融安排与之相适应。小农经济的本质不变，农户的金融需求就很难有实质性的改观；家庭制度和圈层结构的社会基础不变，农户"硬赤字"及其融资次序也不会发生大的调整。在这种情况下，即使商业性的正规金融机构可以进入特定的农村市场，试图在商业性借贷业务与支持农户生产性、经营性资金投入之间建立通道，事实证明基本上是徒劳无功的。主要原因在于收入水平低下。那么，在农民收入水平普遍提高的条件下，农村金融需求及与之相适应的金融安排又会如何变化？

伴随着农村经济发展和市场化进程的推进，农村非正规金融具有的社会属性逐渐向经济属性转化，合会形式的非正规金融模式开始出现。在该阶段，合会出现两种不同模式：一种是从民间自由借贷的社会属性发展而来的，如具有互助性质的轮会等；另一种则多发生在我国经济水平发达地区、以营利为目的的"抬会"等形式，如东南沿海的浙江、福建、广东等地区。意味着随着农村经济发展及市场规模的扩大，农村非正规金融逐渐脱离具有乡土气息的社会属性，而越来越偏向于经济属性。

当农村经济逐步发展，农户收入水平得以提高，达到一定水平后，农户间的互助性无息借贷逐渐向有息借贷方向转变，此时，大部分农户基于人情成本因素考虑，将更倾向于通过商业性的借贷形式来完成交易。当农村非正规金融发展演变出钱庄形式时，已基本发展为一种经济属性的组织，其社会属性基本不存在。可见，农村非正规金融演变历程先是产生于乡土社会中，以社会属性为主导，然后随着经济发展，由具有社会属性的组织衍生出经济属性的组织，最终发展为完全脱离社会属性演变成为具有经济属性的金融组织。

在农户脱离为温饱而担忧的经济状况后，以面子成本为纽带的民间借贷将会逐渐被淡漠，关系型信用就会逐渐地向契约型信用过渡，即非正规借贷向正规金融机构借贷过渡。因为，在非正规借贷的关系型信用里，每一个当事人的信用与信誉只存在于一个十分狭窄的区域内。这样，当事人的交易总是在熟人和朋友之间进行，只有这样，信用才是被认可的。因此，这种交易的完成本身总要附加一定程度的情感成分与情面价值。就借款方而言，总存在节约面子成本的机理，希望在满足信贷需求的同时，不再有任何精神上的负担，哪怕能用额外的货币（利息）支付来赎回这种精神损失（张杰，2001）。特别在借款者的收入上升到一定程度时，这种精神上的损失是难以承受的。契约型信用即正规金融借贷，正好可以解决借款者在人格化交易中所承受的面子成本问题。由此可见，随着收入的增长，契约型信用的金融安排会更加得到重视和发展。

随着经济不断发展，实体经济结构逐步提升、规模不断扩大，金融结构势必须转变，且要求金融部门提供更大规模、更多品种的金融服务。依据内生金融理论，在经济发展不同阶段与水平上，存在着不同的金融服务需求。在经济发展初期，农户收入水平和财富水平较低，其低收入水平的生存状态决定其只能伴随着传统非正规金融模式的私人自由借贷等形式。小农经济的低收入与"生存经济"状态的运营特性，决定其不可能内生出现代农村金融制度。随着经济的发展，只有人们的收入水平和财富达到一定程度后，才拥有积极参与现代农村金融制度的意愿，并对金融服务提出更高要求，这便是经济发展程度的加深客观上需要正规金融机构提供更全面的服务。也就是说，经济的发展内生出由关系型信用向契约型信用演进的动力，从而形成了农村二元金融结构的现象。

以上分析表明，在农村发展初期，即传统的乡土社会中，尤其是在一个村庄信任所维系的关系共同体中，小农经济的路径依赖特征内生出农村非正规金融，但当农村经济发展及市场化改革后，最初的圈层结构势必会受到冲击，可能导致信任危机，在此情形下，农村非正规金融组织则会寻求进一步演化，其内部治理结构逐步正规化，契约形式也不断市场化，最终将发展成为正规金融机构。但即便在正规金融机构规模逐渐壮大时期，非正规金融组织仍将持续存在且在信贷市场中发挥较大作用。[①] 非正规金融是正规金融的扩展，正规金融是非正规金融的后备力量，只有将两者结合起来，才能真正解决我国农村"融资难"的问题。

4.2.2 农村二元金融结构形成的根源：进一步讨论

从上文可知，我国农村经济发展变化，不同农户特征的差异及收入水平的差距，决定我国农户可能是几种不同类型的组合，而并不是单一的既定模式；同时，我国农村经济发展地域的差异性，决定异质型农户在空间上可能表现出一定的共存性，从而不同农户借贷行为的多样性表现出农户对资金需求的复杂性，即不同类型的农户决定其选择借贷的途径不同。

其中，"道义小农"类似于我们所认为的农村贫困农户[②]。其生活和生产资金不足，属于特殊层次的融资需求，其借款的主要目的是满足生活温饱问题及小规模的种养业生产，多为农村非正规信贷市场上的互助性借贷（零息或低息借贷）；而"拐杖逻辑"命题下的农户不同于贫困农户，其生活温饱问题基本解决，其非农业收入仍不能满足家庭资金需求时，则会借助于外源融资，除了满足小规模种养业生产外，用于临时性生活开支（如婚丧嫁娶、房屋修缮等引起的融资需求）的融资需求也是其重要内容。结合实际，"理性小农"即"市场型农

---

① "会"这种形式在中国上千年来一直持续存在并保持旺盛生命力就是一个极好的证明（王曙光，2007）。

② 中国的贫困标准极低。1999 年，中国政府划定的农村贫困线是人均年收入 625 元，2004 年为 660 元，2008 年为 786 元，2011 年为 1196 元，中国贫困线虽然在不断提高，但仍没有跟上中国的社会发展。现行 1196 元贫困线仅相当于世界银行 125 美元贫困线的 40%，与国际标准仍相差甚远。

户",具有两种类型:一类是主要从事工商业为主而农业生产为辅的农户;另一类是从事专业种、养业的农户。市场型农户是农村经济结构变革与农村阶层分化的重要推动力,其借贷需求规模较大,主要来源于商业性信贷,但由于缺乏抵押担保品其很难从农村正规金融机构获取贷款满足,同时,考虑到该农户的融资成本较高,也是农村正规金融机构不愿对其放贷的重要原因。以上阐述都可从表4-1的农户融资状况中得到验证。

表4-1 农户融资状况

	正规借贷	非正规借贷	
		零息借贷	高息借贷(商业借贷)
家庭最主要收入来源(%)			
种养殖业	7.22	14.47	17.74
个体工商	43.30	8.18	43.55
打工收入	36.08	70.44	33.87
工资	13.40	5.66	4.84
其他(退休金、赡养费等)	0.00	1.26	0.00
年毛收入(万元)	23.49	5.96	18.30
资产(万元)	123.41	60.56	100.54
户均借款额(万元)	19.53	3.61	3.81
借款用途(%)			
农业生产投资	17.53	3.77	11.29
非农生产投资	54.64	1.26	82.26
消费	24.74	94.34	4.84
其他(还债等)	3.09	0.63	1.61
抵押担保(%)			
抵押	28.87	—	—
担保	61.86	1.26	20.97
无抵押担保	9.28	98.74	79.03

资料来源:2012年江苏省农村地区农户调查数据。

---

① 这一类农户将包括农村微型、家庭经营型企业,这些小企业处于发展初期规模小,积累能力有限,担保能力与金融需求不对称,市场占有不稳定。另外,农村还有所谓农业产业化的"龙头企业",不在本书讨论范围之中。

需要说明的是,从历史的角度审视,非正规金融的存在先于正规金融。金融(包括金融工具、金融机构等)从其诞生之日起,就先是以非正规金融的面目出现的,并以非正规金融的形式存在和发展。直到今天,世界上的大部分金融创新也都是先以非正规金融的形式进行的。从历史根源上说,正规金融是来源于非正规金融,它可看作非正规金融经法制固化后的产物。从历史的角度审视,非正规金融是正规金融的初级或原始形态(张宁,2003)。

非正规金融遵循着"市场—中介—市场"的金融创新螺旋的演进过程,即亲友借贷("一对一"的初级市场)—私人中介(表现形式为银背、钱中等)—中级市场("一对多",如企业集资)—现代中介和市场(如商业银行、股票和债券市场)。随着服务客户数量的增加,民间金融有向正规金融转变的内在要求,这是由于非正规金融的边际贷款成本呈现先下降后上升的U形趋势(姜旭朝和丁昌锋,2004),如果想向更广泛的客户提供服务,非正规金融就需要采用正规金融机构所对应的贷款技术。

然而,正规金融和非正规金融两者既存在纵向的逻辑深化,也在空间和时间上并存。由于非正规金融在社区范围内始终比正规金融具有成本优势,只要社区成员有非正规金融能够满足的贷款需求,非正规金融就不会消亡,就会与正规金融并存,农村二元金融结构是一种常态。

4.3 农村二元金融结构存在的合理性:理论与实证分析

4.3.1 农村二元金融结构存在的合理性:理论分析

非正规金融的存在在既定的约束条件下是一种对福利的帕累托改进。也就是说,农村非正规金融其存在可以导致福利的增进;反之,则不然。为此,我们有必要对二元金融结构下的资金融通过程进行全面分析和考察。如果在考察之后我们能够得出农村非正规金融的存在符合福利增进的路径这一结论,则我们就可以有把握地说农村非正规金融的存在和发展是合理的,即可表明农村二元金融结构存在的合理性。

正规金融机构在利率管制下所能提供的资金量远远不能满足借款者的贷款需求。借款者在其贷款项目的边际收益大于贷款资金的边际成本的情况下,则其会试图以提高贷款利率来获取正规金融机构更多的贷款,但由于金融当局存在利率管制,无法提高正规金融机构的利率,对此借款者不得不转向非正规金融获取贷款满足。因此,非正规金融不断盛行,便构成了农村二元金融结构现象。

在图4-1的可贷资金供求模型中,首先,我们观察正规金融市场,纵坐标代表利率,横坐标代表可贷资金数量,SS'和DD'分别代表正规金融市场的资金供给曲线和需求曲线,两者相交点R_e为均衡利率,OE为资金供给与需求平衡时的融资量。由于存在利率管制,令管制利率为R_0,管制利率小于均衡利率,正规金融的资金供给与资金需求不匹配,存在一定的资金缺口。在利率管制下,正规金融机构的资金供给数量降为OA,相较于均衡状态的资金融通量减少了AE。

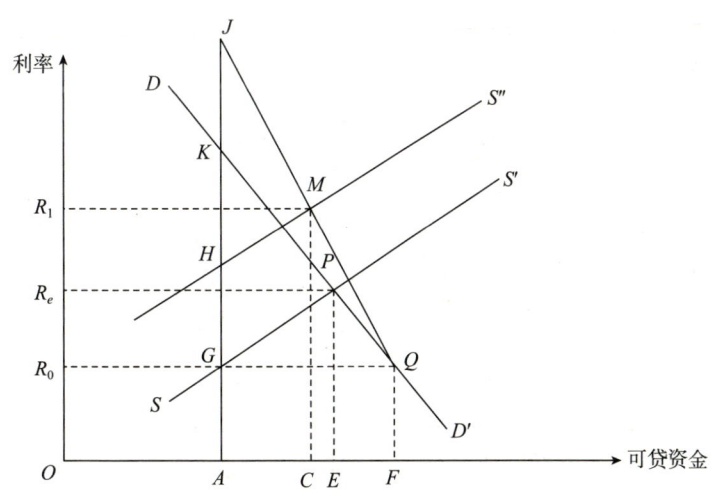

图4-1 农村二元金融结构与社会融资量

其次,观察非正规金融市场。为使正规金融与非正规金融市场的资金供求线在同一图形中表示,令A点处非正规金融借贷数量为0,A点向右延伸为非正规金融市场的横坐标，代表可贷资金数量，沿 AK 向上延伸为非正规金融市场的纵坐标，代表利率。在图 4-1 中，JQ 代表非正规金融市场的资金需求曲线，其斜率大于正规金融市场的资金需求曲线 DD'，即要更陡峭一些。其原因在于非正规金融市场借款者一般都是受到正规金融的信贷配给，无法从正规金融获得贷款从而才转向非正规金融市场，资金的稀缺性使其愿意支付更高的利率，所以，JQ 较之正规金融的需求曲线 DD' 更陡峭。当非正规金融市场的利率等于 R_0 时，JQ 与 DD' 在 Q 点重合。

SS' 和 HS" 分别为正规金融市场的资金供给曲线和非正规金融部门的资金供给曲线，其中，HS" 位于 SS' 的上方。HS" 之所以较高，主要在于其吸收存款成本较高，换言之，从储蓄的观点看，由于正规金融机构受政府干预，往往国有银行的存款可视为无风险资产，因为其背后有政府信誉作为抵押。可见，为了提供给储户相应的风险补偿，HS" 应位于 SS' 的上方，GH 则为风险补偿。为简化分析，我们假定所要求的风险补偿并不随可贷资金数量变化，而是常数，则表现为非正规金融市场与正规金融市场的资金供给曲线斜率相同。

由图 4-1 可知，非正规金融市场的均衡利率 R_1 和均衡融资量 AC 由其资金供给曲线 HS" 与需求曲线 JQ 的交点 M 点确定。可见，非正规金融市场的均衡利率 R_1 高于正规金融市场的均衡利率 R_0，但由于非正规金融市场的存在，增加了整个社会的资金投放量，由最初的 OA 增加至 OC。因此，在一般情况下，非正规金融的存在由此构成的农村二元金融结构体系所能提供的资金总量大于仅存在正规金融机构提供的资金总量。由此可见，农村二元金融结构的存在扩大了资金投放量，有助于整个社会的资本形成，并有利于促进经济发展，农村二元金融结构的存在和发展具有很强的合理性。

4.3.2 农村二元金融结构存在的合理性：实证检验

根据现代金融发展理论，金融制度安排若具有有效配置资源、动员储蓄、便利交易、加强监督和降低风险的功能（Levine，1996），那么，就可以说该金融制度安排是有效的。农村二元金融结构是否是合理的？最终要体现在是否能够促进农民收入增长上。

为了更准确地检验农村二元金融结构存在的合理性，本书将基于江苏省农村

1202户农户的调研数据,使用偏差修正的Match模型来估计农村二元金融结构下正规金融和非正规金融分别对农户收入水平增长的贡献程度,从而初步反映出农村二元金融结构存在一定的合理性。

4.3.2.1　Match模型与变量选择

关于农村金融发展对农户收入水平的影响,本书采用平均处理效应模型(Average Treatment Effect Model),该模型广泛应用于政策评价中。在分析中我们引入反事实①框架,该框架最初由Rubin(1974)提出,后来许多学者采用过该方法(Heckman,1992,1997;Angrist,1994;Angrist,Imbens和Rubin,1996)。令$[Y_i(0), Y_i(1)]$设定为农户i的两个潜在的产出,其中,$Y_i(0)$为未向农村信贷市场借款时的产出,$Y_i(1)$为向农村信贷市场借款时的产出。如果两者都可以观察到,那么农村信贷市场对农户i的影响可表示为$Y_i(1) - Y_i(0)$;可在现实中,农户不可能在同时刻处于这两种情况下,我们仅能观察到一种状态。设定观察到的产出为Y_i,则:

$$Y_i = Y_i(W_i) \tag{4-1}$$

其中,$W_i \in \{0, 1\}$表示农户是否向农村信贷市场借款,则总体平均处理效应(Population Average Treatment Effect, PATE)和样本平均处理效应(Sample Average Treatment Effect, SATE)表达式如下:

$$\tau^{pop} = E[Y(1) - Y(0)] \tag{4-2}$$

$$\tau^{sample} = \frac{1}{N}\sum_{i=1}^{N}[Y_i(1) - Y_i(0)] \tag{4-3}$$

类似地,可定义向农村信贷市场借款的农户的平均处理效应(Population Average Treatment Effect for the Treated, PATT)和样本平均处理效应(Sample Average Treatment Effect for the Treated, SATE),其表达式分别为:

$$\tau^{pop} = E[Y(1) - Y(0) \mid W = 1] \tag{4-4}$$

$$\tau^{sample} = \frac{1}{N_{1i}}\sum_{W_I=1}^{N_1}[Y_i(1) - Y_i(0)] \tag{4-5}$$

其中,$N_1 = \sum_i W_i$。对于某个特征变量为X_i且向农村信贷市场借款的农户,

---

① 所谓反事实,是指所有个体只有一个产出,它或者接受处理下的产出,或者未接受处理下的产出。

可观察其产出，目前的问题是其在向农村金融市场借款前的产出为多少？为了估计该产出，Match 模型对此提供了解决的方法：以解决不可观察的产出的问题，可通过找出数据中未向农村金融市场进行借款农户的产出的平均值，且这些值与特殊变量相近。对此，采用简单 Match 模型估计量，可表述如下：

假定：在条件 $X=x$ 下，W 独立于 $[Y(0), Y(1)]$；同时，对某个 $c>0$，$c<P(W=1|X=x)<1-c$。

令 $\|x\|_V = (x'x)^{1/2}$ 为标准欧几里得空间中的向量范数，且令 $j_m(i)$ 为满足 $W_j = 1 - W_i$ 以及 $\sum_{l:W_l=1-W_i} 1\{\|X_l - X_i\| \leq \|X_j - X_i\|\} = m$ 的下标 j，其中 $1\{\cdot\}$ 为示性函数。也就是说，$j_m(i)$ 所代表的就是在向农村信贷市场借款下与相反与农户的个体中，就 X 而言，接近于农户 i 的第 m 个农户。

匹配（Match）农户 i 的农户中，前 M 个用 $J_M(i)$ 表示：

$$J_M(i) = \{j_1(i), \cdots, j_M(i)\} \quad (4-6)$$

依次为各个农户寻找匹配对象（M 个），用 $K_M(i)$ 代表农户 i 作为其他农户匹配对象的次数之和，则可表示为：

$$K_M(i) = \sum_{i=1}^{N} 1\{i \in J_M(l)\} \quad (4-7)$$

各个农户可重复作为匹配对象，即在进行匹配时允许放回，因此它增大了可能匹配对象的集合。

简单 Match 模型预期的潜在产出估计量如下：

$$\hat{Y}_i(0) = \begin{cases} Y_i & \text{若 } W_i = 0 \\ \dfrac{1}{M} \sum_{j \in J_M(i)} Y_j & \text{若 } W_i = 1 \end{cases} \quad (4-8)$$

$$\hat{Y}_i(1) = \begin{cases} \dfrac{1}{M} \sum_{j \in J_M(i)} Y_j & \text{若 } W_i = 0 \\ Y_i & \text{若 } W_i = 1 \end{cases} \quad (4-9)$$

从而得到平均处理效应的估计量：

$$\hat{\tau}_M^{sm} = \frac{1}{N} \sum_{i=1}^{N} [\hat{Y}_i(1) - \hat{Y}_i(0)] = \frac{1}{N} \sum_{i=1}^{N} (2W_i - 1) \cdot \left(1 + \frac{K_M(i)}{M}\right) \cdot Y_i \quad (4-10)$$

对于向农村信贷市场借款的农户，其平均处理效应的估计量为：

$$\hat{\tau}_M^{sm.t} = \frac{1}{N_1} \sum_{W_i=1}^{N} [Y_i - \hat{Y}_i(0)] = \frac{1}{N_1} \sum_{i=1}^{N} \left[W_i - (1-W_i) \frac{K_M(i)}{M} \right] \cdot Y_i \quad (4-11)$$

在现实的应用中,特别是在特征变量比较多的情况下,简单 Match 估计量偏差太大。为了解决该问题,Abadie 和 Imbens(2004,2006)提出了偏差修正的估计量,其改进处在于可渐近地消除存在的条件偏差。对此,本书研究将采用偏差修正的 Match 估计量方法,并允许存在异方差的前提条件下,计算估计量方差[①]。其表述如下:

令 $\hat{u}_W(X_i)$ 为 $u_W(X_i)$ 的一致估计量,且令:

$$\hat{Y}_i(0) = \begin{cases} Y_i & \text{若 } W_i = 0 \\ \frac{1}{M} \sum_{j \in J_M(i)} Y_j + \hat{u}_0(X_i) - \hat{u}_0(X_j) & \text{若 } W_i = 1 \end{cases} \quad (4-12)$$

$$\hat{Y}_i(1) = \begin{cases} \frac{1}{M} \sum_{j \in J_M(i)} Y_j + \hat{u}_1(X_i) - \hat{u}_1(X_j) & \text{若 } W_i = 0 \\ Y_i & \text{若 } W_i = 1 \end{cases} \quad (4-13)$$

则平均处理效应的偏差修正估计量为:

$$\hat{\tau}_M^{bcm} = \frac{1}{N} \sum_{i=1}^{N} [\hat{Y}_i(1) - \hat{Y}_i(0)] \quad (4-14)$$

$$\hat{\tau}_M^{bcm.t} = \frac{1}{N} \sum_{W_i=1}^{N} [\hat{Y}_i(1) - \hat{Y}_i(0)] \quad (4-15)$$

模型中,因变量(Y)是指农户收入水平;特征变量(X)应包括影响其家庭收入水平的相关因素。具体变量说明如表 4-2 所示。

表 4-2 变量说明

变量名称	变量解释	均值	标准差
因变量(Y)			
家庭纯收入(万元/人)		1.8951	23913.34
自变量(F 和 IF)			

---

① 方差的估计方法参见 Abadie 和 Imbens(2004,2006)。注意估计平均处理效应时,对于总体或者样本的选择不会影响 Match 估计量,而只影响方差,一般而言,前者的方差要大于后者。在本书的研究过程中,只估计样本方差,并考虑异方差的影响。

续表

变量名称	变量解释	均值	标准差
是否向正规金融市场借款（F）	是 = 1，否 = 0	0.1273	0.3898
是否向非正规金融市场借款（IF）	是 = 1，否 = 0	0.3594	0.4682
特征变量（X）			
户主年龄（周岁）		52.3852	10.5415
户主受教育年限（年）		9.8336	3.4826
家庭劳动力水平（人）	家庭中有劳动能力并参与劳动的人数	2.6015	1.5705
耕地面积（亩）	农户生产经营规模	2.9216	4.1167
是否以种养业为最主要收入来源	是 = 1，否 = 0	0.1525	0.3674
年末生产性固定资产原值（万元）	农户财产状况	4.4670	10.3451
年末金融资产余额（万元）	农户自有资金状况	7.7508	21.1733
非农就业能力（%）	工资性收入/总收入	0.3329	0.3264
是否苏北地区	是 = 1，否 = 0	0.7658	0.4355
是否苏中地区	是 = 1，否 = 0	0.1223	0.3714
是否苏南地区	是 = 1，否 = 0	0.1120	0.4545

4.3.2.2 模型估计结果分析

采用传统的 OLS 模型估计农村金融发展对农户收入水平影响时，会存在第一类选择性偏差问题（Wooldridge, 2003），导致估计结果错误，而通过 Match 模型可解决该问题，因此，本书基于江苏农户的调研究数据，运用 Stata 软件对 Match 模型进行估计的实证结果如表 4 – 3 所示。

表 4 – 3 Match 模型的估计结果

	SATE		SATT	
	估计系数	$P > z$	估计系数	$P > z$
F	0.087*	0.052	0.089*	0.061
IF	0.051*	0.086	0.054*	0.088

注：***、**和*分别表示在1%、5%和10%的统计水平上显著；SATE 表示为正规金融（或非正规金融）对所有样本农户的平均处理效应；SATT 为对向正规金融（或非正规金融）借款的样本农户的平均处理效应，一般 SATE < SATT。

由表 4-3 可见,借款来源于正规金融 F 和非正规金融 IF 渠道的系数均为正,且均在 1% 统计水平上显著,则表明,农村正规金融和农村非正规金融的发展均能够促进农户收入水平的提高。而农户收入水平的增长则意味着农村经济增长。该结论与现代金融发展理论的主流观点相符合,即金融发展有利于促进经济增长(Levine,1996)。同时农村二元金融结构存在的合理性进一步得到证实。

表 4-4　农村二元金融结构下正规金融和非正规金融对农户收入的增长效应

	均值	SATE	SATE(%)	SATT	SATT(%)
F	1.895	0.087	4.59	0.089	4.69
IF	1.895	0.051	2.69	0.054	2.85

注:SATE(%)=(SATE÷均值)×100%,SATT(%)=(SATT÷均值)×100%。

由表 4-4 可得,由于农村正规金融市场和农村非正规金融市场的存在,所有样本农户平均所增加的纯收入分别为 0.087 万元/人和 0.051 万元/人,占农户纯收入的比重分别为 4.59% 和 2.69%;对于向农村正规金融借款以及向农村非正规金融借款的农户,其所增加的纯收入分别为 0.089 万元/人和 0.054 万元/人,占农户纯收入的比重分别为 4.69% 和 2.85%。

从以上实证结果可以判断,农村二元金融结构的存在有助于提高农户收入水平,从而间接证实了农村二元金融结构的存在和发展具有一定的合理性。

4.4　本章小结

本章首先对"小农命题"与我国农户的特殊性进行阐述,在此基础上剖析农村二元金融结构形成的根源;结合理论分析并利用江苏省农村地区的调研数据实证检验了农村二元金融结构的合理性。

研究结果表明,非正规金融活动的存在有其自身内在的生存机制,同时,由于非正规放贷者解决农村金融市场问题上的能力大于正规金融放贷者,则可表明非正规金融的存在不仅具有合理性,而且具有不可替代性。为了进一步证明农村二元金融结构的合理性,本章结合理论分析并采用1202户农户的调研数据,通过偏差修正的Match模型估计了农村二元金融结构下农村正规金融和农村非正规金融分别对农户收入增长的贡献程度。通过理论推导和实证结果均可判断,农村二元金融结构的存在有助于提高农户的收入水平,从而间接证实了农村二元金融结构的存在和发展具有一定的合理性。

第5章 农村二元金融结构下农户的融资行为分析：基于借贷匹配视角

上一章基于农户视角阐明了农村二元金融结构存在的根源，研究结论表明农村正规金融和非正规金融根据农户不同类型做出不同的放贷选择。那么农村二元金融结构下不同类型借款者（农户）与不同类型贷款者（正规与非正规金融组织）借贷匹配的决定因素是什么？农户的融资行为构成整个农村金融的基础。因此，了解农村二元金融结构下农户的融资行为以此明确两者的借贷匹配因素，是理解农村金融发展、探讨农村正规金融与非正规金融相互关系前提，也即为下一章农村正规金融与非正规金融相互关系的研究奠定基础。

为了全面地了解农村二元金融结构下农户的融资行为，本章根据实地调查，做出描述性统计分析，并在此基础上，运用有序多分类 Logit 模型实证检验了不同类型借款者与不同类型贷款者借贷匹配的决定因素，从而得出本章的结论。

5.1 数据来源与调查说明

课题组于2012年7~8月对江苏省农村苏南、苏中和苏北三个地区11个县（区）的1330户农户的融资行为进行了入户调查。样本地区的分布情况具体如表5-1所示。总计发放1330份问卷，最终得到有效问卷1202份。此次问卷调查收集了农户借贷行为方面的相关数据，为本书的描述性分析和实证分析提供了数据来源和经验依据。样本具有较好的代表性，既有较发达的苏南地区，又有欠发达的苏北地区，苏南、苏中和苏北获得的样本具有显著的区域差异性，可以代表不同经济金融发展水平的农村，能够较好地反映我国农村金融的现状。

表 5-1 样本地区分布情况

样本地区	样本市	样本县（市、区）	样本农户数（户）
苏南	镇江	句容	66
	苏州	昆山	76
		常熟	66
苏中	泰州	姜堰	74
	南通	海门	69
苏北	宿迁	宿豫	244
		沭阳	78
	盐城	东台	75
		响水	82
	连云港	灌南	72
	徐州	新沂	300

5.2 农户融资行为特征描述

农户融资行为特征的描述旨在从金融需求视角反映出正规金融和非正规金融在放贷行为上的差异。同时，其研究结论为后文建立两者相互关系及合作机制提供了经验支持。

5.2.1 融资渠道

从调查的结果看，农户借款渠道有两种：一种是从正规金融机构借款，包括农村信用社（此处含农合行和农商行）、新型农村金融机构（村镇银行、贷款公司和资金互助社）等正规金融机构借款；另一种是从非正规渠道借款，包括亲朋好友之间的互助性借款（零息或低息借款），以及向民间金融组织的商业性借贷（高息借款）等。从融资渠道的发生率来看，农户从正规金融机构的借贷行为发生率为23.42%，而从非正规渠道借款的发生率为68.72%，几乎高出正规金融机构的2倍，其中无息或低息借贷占比53.16%，高息借贷占比15.56%；从融资规模来看，来自正规金融的平均借款数额为3.25万元，而相较于正规金融机构贷款额度，通过非正规渠道借款的规模较小，为1.95万元。可能的原因是由于正规金融机构相较于非正规金融组织拥有更多资金，因此当农户面临买房或扩大生产等需要大量资金时，非正规渠道无法满足其大规模的资金需求，因而会更多地求助于正规金融机构。无论从农户的融资数量还是农户的融资总额上进行比较，被调查农户都倾向于通过非正规金融渠道进行融资。该调查结果也与朱信凯和刘刚（2009）、马晓青等（2010）、刘西川等（2009）学者在全国范围内的调查结果基本一致①，均反映了目前我国农村正规金融机构存在不足，而非正规金融已成为农户获取资金的主要渠道。

表5-2 农户的融资渠道

融资渠道	笔数	占比ª（%）	占比ᵇ（%）	总额（万元）	占比（%）	平均借款（万元）
仅正规金融	137	23.42	11.40	445.25	32.87	3.25
仅非正规金融	402	68.72	33.44	783.90	57.86	1.95
其中：高息	91	15.56	7.57	254.80	18.81	2.80
无息或低息	311	53.16	25.87	529.10	39.06	1.70
两者兼有	46	7.86	3.83	125.58	9.27	2.73
总计	585	100	48.67	1354.73	100	7.93

注：a代表"借款农户数/总借款农户数"，b代表"借款农户数/总农户数"。

综上所述可以看出，非正规借贷是农户获得借款资金的主要渠道，无息或低

---

① 朱信凯和刘刚（2009）的研究发现，在正规金融市场融资的农户仅占6%，60%的农户从非正规金融市场融资，这包括向亲戚朋友借款、参加合会及农村基金合作社、从地下钱庄取得贷款、申请高利贷等形式。据湖南、江西两省农调队的资料显示，样本农户中仅有5.9%与4.9%的农户从正规金融部门取得贷款。马晓青等（2010）通过意愿调查，发现80%以上的农户在面临资金需求时首先求助于非正规渠道。同时，对贫困地区820个样本农户进行调查时发现，只有16.7%的样本农户取得了信用社、农业银行等正规金融部门的贷款（刘西川等，2009）。

息非正规借款在非正规借贷中占绝对优势。近年来,尽管决策层出台了一系列战略措施与方案对农信社进行体制改革,但富有"支农主力军"之称的农信社的称号似乎已名不符实,大多数农信社有远离农户的趋势,而非正规借贷仍成为满足农户借贷需求的最主要渠道。

5.2.2 借贷用途

农户借贷的主要用途分为生产性借贷和生活性借贷。其中,生产性借贷为金融市场所支持的范畴,因其具有经营可持续特征,且能够预期其具备偿还来源,生产性借贷易通过正规金融渠道获得。从表5-3可看出,非正规借款更多地用于生活性借贷,而正规借款主要集中在生产性借贷,包括农业生产投资和非农业生产投资。其中,所有借款笔数中,非农业生产投资借款占比达56.62%。在非正规金融市场上的零息或低息非正规借款中,用于消费的借款笔数比例高达93.28%,而高息非正规借款中则78.58%的比例用于非农业生产投资。

生活性借贷一般为用于日常生活中的消费、医疗、教育、购建房和婚丧嫁娶等非正规借款,一般不收取利息,体现出农户"道义小农"的特性;而用于个体工商经营等非农业生产投资的非正规借款则一般为高息借款,又体现出农户"理性小农"的特性。从以上分析可以看出,零息或低息的非正规借款主要为生活性借贷,而高息非正规借款多为生产性借贷。因此,现实中的农户是"理性小农"与"道义小农"的混合体。

表5-3 农户的借款用途占比 单位:%

借款用途	正规借贷	非正规借贷	
		零息或低息借贷	高息借贷(商业借贷)
生产性借贷:			
农业生产投资	18.18	4.58	15.12
非农业生产投资	56.62	2.14	78.58
生活性借贷	25.20	93.28	6.30

注:"农业生产投资"是指种养业投入,其中包括购买农用机械的支出;"非农业生产投资"指用于个体工商经营等方面的投入;"生活性借贷"包括购买生活消费品(吃、喝、穿及耐用消费品)、子女教育、购房建房、婚丧嫁娶及一些突发性的特殊消费。

5.2.3 借贷期限、利率

据调查发现,在贷款期限方面,正规金融机构贷款期限一般为一年,而非正规借贷一般没有具体的还款期限,借贷期限比较自由,样本调查中80%以上非正规借款农户表示有钱时再还,一般不约定具体的还款期限,但主要以短期借贷为主。短期借贷主要满足农户短期的临时应急的资金需求,却无法满足农户扩大再生产过程中持续的资金需求,并不利于农户形成长期的生产能力。

在利率上,正规金融机构的贷款利率一般在官方规定的基准利率上下浮动,利率浮动比较稳定。与之相反,非正规金融市场中的利率差异较大,最低为无息,最高达100%以上,调查中无息借贷占绝大比例,比例达77.36%。高于贷款基准利率4倍以上的高息借贷,有12笔,占比3.00%。以贷款额为权重(零息和低息借贷除外)计算的加权平均利率为20.43%,高于银行贷款利率。

5.2.4 借贷中的抵押、担保行为

正规金融机构控制风险的主要措施是要求借款方提供抵押和担保。调查发现,正规借贷中担保借贷占70.56%,抵押借贷占26.74%,如表5-4所示。可见,农户倾向于采用担保形式,原因在于农户缺乏可用于抵押的实物。在非正规借贷中抵押担保率极低,零息或低息非正规借贷仅有4.21%的借贷采用担保,95.79%的借贷无抵押担保。主要原因在于非正规借贷多发生在亲朋好友之间,相互之间比较了解和熟悉,从而可避免信息不对称带来的逆向选择和道德风险,为了简化贷款程度,降低交易成本,相较于零息或低息的非正规借贷,高息非正规借贷采用担保的比例显著增加,占34.28%。采用担保的高息非正规借贷中,一般借款者家族中有地位、有钱的亲戚或有声望的村干部作为其担保人,而房屋或者存折是常用的抵押品。

表 5-4　农户借贷中的抵押、担保行为　　　　　　　单位:%

抵押担保	正规借贷	非正规借贷	
		零息或低息借贷	高息借贷（商业借贷）
抵押	26.74	0	0
担保	70.56	4.21	34.28
无抵押担保	2.70	95.79	65.72

5.2.5　小结

以上分析基于农户的实际借款交易，发现农村非正规金融与正规金融贷款选择在借贷意愿、借贷用途、规模、期限、利率以及抵押担保等方面存在差异。可简单概括为：在农村二元金融结构市场下，农村正规金融和非正规金融部门作为农村金融市场上的资金供给者，两者的服务对象和服务特点等存在着一定的差异。其中，正规金融主要用于非农业生产，平均借贷规模相对较大，借款手续较烦琐，对借款农户的抵押担保要求较为严格，期限一般为 1 年，且要求按期偿还，不得拖延；非正规金融借款主要用于农户的生活性借贷，多为亲朋好友之间的互助型借贷，借贷手续简便，期限较灵活。对此，农户的异质性决定了他们贷款需求的多样性，他们会根据自己的贷款需求及自身情况，选择从正规金融机构或从非正规金融部门进行融资。不同农户做出的不同选择最终形成农村正规金融与非正规金融共存的二元金融结构现象。

5.3　农村二元金融结构下农户借贷匹配决定因素分析

5.3.1　引言

Nisbet（1969）认为，如果农村存在两个信贷市场，必然满足两个条件：一是有不同类型的借款者；二是有不同类型的贷款者。如果借款者和贷款者自由流动建立均衡所必需的替代不能发生，两个或多个信贷市场将存在。由上述分析可知，农村正规金融和非正规金融存在各自的比较优势，贷款契约等方面存在差异，因而，可以将农村正规金融和非正规金融看作两个不同的信贷市场。同时不同农户信息禀赋不同，标准信息禀赋高的借款者较标准信息禀赋低的借款者更容易获得正规贷款者的借款，而标准信息禀赋低的借款者更可能从非正规部门获得借款。那么农村二元金融结构下不同类型借款者（农户）与不同类型贷款者（正规与非正规金融组织）借贷匹配的决定因素是什么？农户的融资行为构成了整个农村金融的基础。因此，了解农村二元金融结构下农户的融资行为以此明确两者的借贷匹配因素，是理解农村金融发展的关键，也为下一章农村正规金融与非正规金融相互关系的研究奠定基础。

关于发展中国家普遍存在正规金融与非正规金融共存的现象，学者们引入了信息范式来考察正规金融和非正规金融并存的微观原因，从而获得了较强的解释能力。

信息的采集及其在审查和监测上的应用，以及合约设计和执行力度是各种信贷技术的核心。借贷匹配被定义为将某类借款者分配给某类贷款者的函数，当借款者可以以低成本参与交易，同时贷款技术的某些特性允许贷款者以较低的成本来筛选其借款者时，借贷匹配就产生了（Gajanan Joshi，2005）。农村信贷市场上借贷双方的异质性以及信息不对称是借贷匹配存在的根本原因（Gajanan Joshi，2005），正如 Gan 和 Mosquera（2008）及 Gan 等（2011）的研究所提出的，市场参与者具有异质性（Heterogeneity），同一地区不同的农户，可能显示不同的信息。因此，在农村信贷市场中，农户借贷匹配会呈现什么特点？这是本小节的关注点。

有关匹配经济学（Economics of Match）的研究，最早可追溯到1973年Backer有关婚姻匹配中正向协调匹配（Positive Assortative Matching，PAM）的研究，文中指出：对于婚姻中的择偶现象，通常依据一定的属性排序，从而使配偶双方形成匹配，如双方的教育、财富等属性。正向协调匹配通常指男方与女方各自的某种属性呈正相关关系；反向协调匹配（Negative Assortative Matching，NAM）则指男方与女方各自的某种属性呈现负相关关系。该类匹配性质不仅存在于婚姻市场中，在学生选择学校、企业选择职工等方面同样可以观察到（Burdett 和 Coles，

1999)，Li（2008）对此类文献做了比较详细的综述。

Crawford 和 Knower（1981）、Burdett 和 Coles（1999）给出了匹配的相关定义，依据其分析，借贷匹配是一个帕累托不断调整的过程，借贷双方在一定的约束条件下，某一类型借款者匹配给某一类型的贷款者。针对农村企业，不同类型的企业具有的标准信息禀赋（如实物与金融资产、经营许可证、社会关系资本、资产证明等）不同，从而向贷款者显示信誉的程度也不同。借款者往往通过显示其信誉的标准信息禀赋（"硬"信息）程度来确定其正规程度，其具有的标准信息禀赋越多，就意味着正规程度越高；相反，则为非正规借款者。对于贷款者而言，如果其在处理标准信息方面具有比较优势，则称为正规贷款者（如政策银行、国有商业银行、农村信用社、农村商业银行等）；相反，对于非标准信息的处理，即基于"人格化"的非标准信息（"软"信息）方面具有比较优势，可凭借亲缘、业缘和地缘等关系无（或较低）成本甄别与监督借款者的贷款者称为非正规贷款者。因此，在农村信贷市场上，当借款者拥有的某类信息禀赋能使其以较低成本即可获取借款，与此同时，与其相对应的某类贷款者结合自身比较优势，选择相应的信贷合约（即贷款技术），使其能够以低成本甄别借款者时，此时形成借贷匹配，双方的总收益达最大，有利于提高农村信贷市场的效率。

那么，在农村信贷市场中，借贷匹配会呈现什么样的特点？Floro 等（1992）和 Nagarajan 等（1995）针对菲律宾非正规信贷市场的借贷匹配情况进行了研究。研究发现，借贷双方会基于职业专业化分工而自发地发生一定的借贷匹配，目的是内部化其交易成本，从而使经济活动更加便利。同时，研究中的匹配模式表现为：往往借入者从事农业生产，而借出方从事非农业生产。Sanchez – Schwarz（1996）分析了墨西哥农村信贷市场的借贷匹配情况，实证结果表明正规程度高的某类借款者，相对应于某类正规程度高的贷款者，两者最有可能发生借贷匹配、进行金融交易。Gajanan Joshi（2005）在 Sanchez – Schwarz（1996）模型构建的基础上，对其模型进行了变型，加入了对城市非正规部门借款者的考虑，进一步检验了印度农村信贷市场上企业家和贷款者之间的匹配。另外，Ackerberg 和 Botticini（2002）对早期文艺复兴时期的意大利托斯卡纳地区地主与佃农之间形成的农业合约相关数据进行了研究，实证验证了两者之间存在潜在的匹配关系，即特定类型的佃户与特定类型的地主相互匹配。

针对中国农村信贷市场的借贷问题，张杰（2007）、朱信凯和刘刚（2009）、金烨和李宏彬（2009）、刘西川和程恩江（2009）、李庆海等（2012）学者对农村信贷市场上农户的融资行为进行了实证分析，但其研究忽略了借贷中的匹配关系，研究的理论基础并非由借贷匹配模型推导而来，忽略匹配关系而对其进行实证估计可能得出错误的结果（Ackerberg 和 Botticini，2002）。针对这些研究的缺憾，张海洋和平新乔（2010）借鉴 Shimer 和 Smith（2000）的分析框架，建立了搜寻—匹配模型，并对我国非正规信贷市场上的借贷匹配问题进行了分析，研究指出：不同类型贷款者往往会依据自己对风险、流动性和信息的把握程度，设计不同的信贷合约；而不同类型的借款者会根据自己所从事的经营活动和属性，有序地选择相对应的信贷合约。① 同时，张海洋和平新乔（2010）使用农户调查数据考察了农村非正规金融市场上借贷双方的收入情况，研究发现，非正规信贷市场上的资金并不是单方向地从穷人流向富人，也不是单方向地从富人流向穷人，而是表现出穷人将钱更多地借给穷人、富人将钱更多地借给富人的正向分类相聚性质。但是，其研究止于统计性描述，缺乏实证模型检验，得出的结论缺乏可信度。为了克服该问题，胡士华和卢满生（2011）运用有序多分类 Logit 模型对农村中小企业存在的信贷匹配问题进行了实证检验，结果发现：那些具有高社会关系资本水平、正规经营证件、高担保资产以及悠久信用记录的农村中小企业从正规金融机构获取贷款的概率较大，即支持了理论假说：在处理标准信息方面正规贷款者具有比较优势，从而正规贷款者是依据借款者显示信誉的标准信息禀赋能力对其放贷。但实证结果并没有明显证据支持假说：非正规借款者更容易从非正规贷款者获取贷款。笔者认为，可能的原因是非正规贷款者放贷的动机存在多重性，作者并没有区分商业动机和互助动机的借贷，从而导致实证结果与理论模型预测存在偏差。

综上所述：第一，已有研究主要集中在对非正规信贷市场上借贷匹配问题的分析，而将正规金融与非正规金融两者统一到一个框架中进行分析的比较鲜见；第二，目前还未有学者对农户的借贷匹配问题进行研究，农户作为农村社会的细

---

① 正如 Conning 和 Udry（2007）所指出的，在借贷市场上，借贷双方会形成一定的匹配模式。

胞,也是农村最基本的单位,农村信贷市场的主体是农户,因此,一旦了解了农户的借贷匹配情况,也就了解了农户的各种动机、需求与偏好,只有如此,才能准确而合理地把握中国农村信贷市场的合理配置情况,从而提出切实可行的推动中国农贷市场改革的政策结论与建议。基于此,本章节在 Sanchez – Schwarz (1996) 和 Gajanan (2005) 分析框架的理论基础上,采用实地调研数据对农村居民的借贷匹配特点进行实证检验,同时,本章节将区分农村二元金融结构市场中非正规借款和正规借款两种不同借款类型的农户,从而探究其借贷匹配的决定因素,以便从匹配经济学角度深入认识农村信贷市场农户借贷行为提供理论依据和经验支持。

5.3.2 农村二元金融结构下农户借贷匹配决定因素的实证分析

5.3.2.1 计量模型、变量及数据说明

(1) 计量方法说明:有序多分类 Logit 模型。为了检验上述理论假说,本章节运用有序多分类 Logit 模型①(Ordered Logit Model,OLM) 估计不同类型借款者(农户)从不同类型贷款者(正规借款者和非正规贷款者)获得贷款的概率。

在有序多分类 Logit 回归模型(OLM)中,存在潜在的回归式 (5-1):

$$y^* = x'\beta + \varepsilon \tag{5-1}$$

潜在变量 y^* 值的范围为 $[-\infty, +\infty]$,且为观测变量 y 的映射。变量 y 通过以下关系提供 y^* 的非完全信息:$y_i = m$,如果 $\tau_{m-1} \leq y_i^* < \tau_m$,对于 $m = 1$,$2,\cdots,J$,其中 τ 是割点,且 $\tau_1 = -\infty$,$\tau_J = \infty$。其中,对于正值概率,存在 $\tau_1 < \tau_2 < \tau_3 < \cdots < \tau_J$;极大似然估计函数通过给定误差分布形式来进行 y^* 关于 x 的回归估计。

假定随机误差服从累计分布函数 $\Lambda(\cdot)$,观测值 i 的概率为线性函数估计的概率加上随机误差。因此:

---

① 鉴于本章节所使用的因变量具有排序性质(从贷款技术连续统看),且为离散型,因此,本章节的计量检验模型不宜采用普通线形回归模型和多项式 Logit 模型,因为前者要求因变量之间的跨度为连续统一的,而后者难以解释因变量的有序多分类属性 (Liao, 1994)。基于此,当因变量包括不同类型时,OLM 有助于估计某一类型借款者从某一类型贷款者处获得贷款的概率。

$$\text{Prob}(y = i) = \Lambda(\tau_i - \sum_{k=1}^{K}\beta_k x_k) - \Lambda(\tau_{i-1} - \sum_{k=1}^{K}\beta_k x_k) \tag{5-2}$$

其中，x 为解释变量，β 为待估系数，τ 为割点。

由式（5-2）的偏导数来测算事件发生概率的边际效应，即为式（5-3）：

$$\partial \text{Prob}(y = i)/\partial x_k = [\lambda(\tau_{i-1} - \sum_{k=1}^{K}\beta_k x_k) - \lambda(\tau_i - \sum_{k=1}^{K}\beta_k x_k)]\beta_k \tag{5-3}$$

由于事件概率的边际效应由所有变量值决定，总概率为1，则边际效应总和为0。虚拟变量的边际效应则由其离散变动程度决定（Liao，1994；Greene，2000）。

显示农户信誉能力的变量为我们解释农户借贷匹配所考虑的重要变量。OLM的割点是基于借款者显示信誉的能力以及贷款者甄别信誉的能力区分不同类型的借款者。

（2）变量定义与说明。根据有序多分类Logit定义式要求，各自变量之间应相互独立。因此，根据贷款者所提供的贷款规模最大化原则，将样本中多重借贷者类型分为相互独立的3种类型（非借款者、非正规借款者和正规借款者）。如表5-5所示。

表5-5 不同借款类型户数构成

借款者类型	相互独立分类的户数（户）	占总户数比例（%）
非借款者	617	51.33
非正规借款者	432	35.94
正规借款者	153	12.73

表5-5列出了不同借款类型农户的借贷户数构成情况，相较于正规借款类型，无论从农户借款户数还是借款占比来看，非正规金融都是农户获取资金最重要的途径，占被调查户数的35.94%，其次是正规借款者，占比为12.73%。

从理论上分析，主要包括四类影响农户能否获得信贷支持的解释变量：农户贷款需求的特征值变量、标准信息禀赋的代理变量、农户社会资本变量和农户所在地区的特征变量。其中,本章节中所使用的农户贷款需求特征值变量包括农户的基本状况(户主年龄、户主受教育程度、家庭劳动力水平)、标准信息禀赋的代理变量(耕地面积、年末生产性固定资产原值、年末金融资产余额、家庭年收入、非农就业能力、是否参加小组联保)、农户社会资本变量(家庭在村中的邻里关系、在村中身份、与村干部关系)和农户所在地的特征变量(是否为发达地区①)。

对于各变量的定义和特征,如表 5-6 所示。

表 5-6 变量说明

变量名称	变量解释	均值	标准差
因变量			
农户借贷类型	非借款者 = 0,仅有非正规借款 = 1,仅有正规借款 = 2	0.6140	0.7014
自变量			
农户基本特征			
户主年龄(周岁)		52.3852	10.5415
户主受教育年限(年)		9.8336	3.4826
家庭劳动力水平(人)	家庭中有劳动能力并参与劳动的人数	2.6015	1.5705
农户标准信息禀赋代理变量			
耕地面积(亩)	农户生产经营规模	2.9216	4.1167
年末生产性固定资产原值(万元)	农户财产状况	4.4670	10.3451
年末金融资产余额(万元)	农户自有资金状况	7.7508	21.1733
家庭年收入(万元)	农户收入水平	11.2493	20.4251
非农就业能力(%)	工资性收入/总收入	0.3329	0.3264
是否参加小组联保	是 = 1,否 = 0	0.2033	0.4026

---

① 本书中农户所在地的特征变量具体为是否为苏南地区。当然,农户所在地的特征变量还包括当地人口规模、地理因素、资源禀赋差异等,由于这些因素通常缺乏较为详细的统计数据,因此,本书并没有将其考虑在内,将其视为模型中未观测到的因素。

续表

变量名称	变量解释	均值	标准差
农户社会资本			
邻里关系	1 = 非常融洽,2 = 比较融洽,3 = 关系一般,4 = 比较疏远,5 = 几乎不来往	1.6984	0.6892
在村中身份	是否干部家庭:是 = 1,否 = 0	0.2321	0.4224
与村干部关系	1 = 非常融洽,2 = 比较融洽,3 = 关系一般,4 = 比较疏远,5 = 几乎不来往	1.6770	0.7352
农户所在地特征变量			
是否苏南地区	是 = 1,否 = 0	0.7088	0.4545

5.3.2.2 实证结果与分析

本节将使用两个有序多分类 Logit（OLM）模型,并对各自变量的边际效应进行估计。模型一对包括借款者和非借款者的所有观察值进行实证检验,该模型中包括1202个观察值,3个因变量（非借款者、非正规借款者和正规借款者）。模型二仅对所有借款者进行实证检验,模型包括586个观察值,2个因变量（非正规借款者和正规借款者）。

（1）模型一：对所有观察值的有序多分类 Logit 估计。因变量为农户类型,包括3种类型,即非借款者 = 0,非正规借款者 = 1,正规借款者 = 2。自变量如表5 - 6所示。模型中包含1202个观察值,相互排斥的3种类型：617个非借款者、432个非正规借款者和153个正规借款者。有序多分类 Logit 模型估计结果如表5 - 7所示。

表5 - 7 所有观察值的有序多分类 Logit 模型估计结果

变量名称	系数	非借款者边际效应	非正规借款者边际效应	正规借款者边际效应
户主年龄	0.0051 (0.0067)	-0.0012 (0.0016)	0.0011 (0.0015)	0.0001 (0.0002)
户主受教育年限	-0.0077 (0.0199)	0.0019 (0.0049)	-0.0017 (0.0044)	-0.0002 (0.0005)

续表

变量名称	系数	非借款者边际效应	非正规借款者边际效应	正规借款者边际效应
家庭劳动力水平	0.0717 (0.0472)	-0.0175 (0.0115)	0.0158 (0.0104)	0.0017 (0.0012)
耕地面积	0.0246 (0.0180)	0.0060 (0.0044)	-0.0054 (0.0040)	0.0006 (0.0004)
年末生产性固定资产原值	0.0288*** (0.0084)	-0.0070*** (0.0020)	-0.0063*** (0.0019)	0.0007*** (0.0002)
年末金融资产余额	0.0393** (0.0346)	-0.0010* (0.0001)	-0.0009* (0.0010)	0.0042** (0.0025)
家庭年收入	0.0213*** (0.0048)	-0.0027** (0.0012)	0.0024** (0.0011)	0.0019** (0.0008)
非农就业能力	0.0452 (0.0297)	-0.0775 (0.0567)	0.0014 (0.0243)	0.0175 (0.0257)
是否参加小组联保	3.6468*** (0.2477)	-0.4663*** (0.0200)	0.2590*** (0.0348)	0.3073*** (0.0372)
邻里关系	-0.0625* (0.0127)	0.0152 (0.0251)	-0.0137* (0.0126)	-0.0015 (0.0025)
在村中身份	0.3696*** (0.1777)	-0.4972*** (0.0226)	-0.0452** (0.0124)	0.1605*** (0.0250)
与村干部关系	0.0099 (0.0935)	-0.0024 (0.2282)	0.0022 (0.0206)	0.0002 (0.0023)
是否苏南地区	0.4227*** (0.1822)	-0.1776*** (0.0444)	-0.1621*** (0.0412)	0.0155*** (0.0042)
割点1: 2.2067 (0.5353)		Log likelihood = -657.5651		
割点2: 6.1850 (0.5817)		LR chi2 (14) = 857.89 Prob > chi2 = 0.0000 观察值 = 1202		

注: 括号中为标准误差; ***、**和*分别代表1%、5%和10%的显著水平。

在估计结果中，年末生产性固定资产原值、年末金融资产余额、家庭年收入、是否参加小组联保、邻里关系、在村中身份、是否苏南地区7个变量在方程中显著。从边际效应来看，标准信息禀赋代理变量的具体表现：年末生产性固定资产原值每增加1个单位，成为非借款者的概率就下降0.70%，即获得贷款的概率上升0.70个百分点；就年末金融资产余额和家庭年收入而言，金融资产每增加1个单位，则获得贷款的概率上升0.10个百分点，家庭年收入每增加1个单位，获得贷款概率上升0.27个百分点；对于参与小组联保的农户，其获得贷款概率上升46.63%。农户社会资本变量方面，对于干部家庭的农户获得贷款的概率上升0.24%。而对于农户所在地特征变量，苏南地区农户获得贷款概率上升17.76%。

在估计农户成为正规借款者的概率时，年末生产性固定资产原值、年末金融资产余额、家庭年收入、是否参加小组联保、在村中身份、与村干部关系和是否苏南地区变量均显著。年末生产性固定资产原值、年末金融资产余额和家庭年收入均增加1个单位，借款者成为正规借款者的概率分别增加0.07%、0.42%和0.19%。对于参加小组联保、干部家庭农户或为苏南地区的农户，其成为正规借款者概率可分别增加30.73%、16.05%或1.55%。

然而，对于农户属于非正规借款者类型时，年末生产性固定资产原值和年末金融资产余额，其成为非正规借款者的概率要分别下降0.63%和0.09%；相应地参加小组联保或属苏南地区的农户，其成为非正规借款者的概率会分别下降35.18%或1.61%；而家庭年收入每增加1个单位时，其成为非正规借款者的概率会上升0.24%。

（2）模型二：仅对借款者的有序多分类 Logit 估计。模型二估计不同类型借款者与不同类型贷款者借贷匹配的决定因素，因变量包括2种类型，即非正规借款者=1，正规借款者=2。自变量如表5-6所述。模型中的估计类型包含585个观察值，相互排斥的2种类型：432个非正规借款者和153个正规借款者。有序多分类 Logit 模型估计结果如表5-8所示。

在解释借贷匹配问题上，标准信息禀赋的代理变量中，年末生产性固定资产原值、年末金融资产余额和是否参加小组联保均增加农户成为正规借款者的贷款

表5-8 仅对借款者的有序多分类 Logit 模型估计结果

变量名称	系数	非正规借款者边际效应	正规借款者边际效应
户主年龄	0.0043	-0.0060	0.0006
	(0.0110)	(0.0015)	(0.0015)
户主受教育年限	-0.0015	0.0002	-0.0021
	(0.0392)	(0.0054)	(0.0054)
家庭劳动力水平	0.0663	-0.0092	0.0092
	(0.0813)	(0.0113)	(0.0113)
耕地面积	0.0075	-0.0010	0.0010
	(0.0266)	(0.0037)	(0.0037)
年末生产性固定资产原值	0.0162***	-0.0022**	0.0025**
	(0.0165)	(0.0003)	(0.0038)
年末金融资产余额	0.0058**	-0.0008*	0.0089**
	(0.0387)	(0.0075)	(0.0033)
家庭年收入	0.0084**	0.0012*	0.0012*
	(0.0053)	(0.0007)	(0.0008)
非农就业能力	0.5095	-0.0095	0.2095
	(0.3963)	(0.0554)	(0.0551)
是否参加小组联保	2.8864***	-0.2411***	0.4161***
	(0.3250)	(0.0237)	(0.0441)
邻里关系	0.3298**	-0.0458**	0.0458
	(0.1642)	(0.0227)	(0.1227)
在村中身份	0.4250**	0.0598**	0.0447**
	(0.2957)	(0.0358)	(0.0353)
与村干部关系	0.2465	-0.0342*	0.0342
	(0.1599)	(0.0121)	(0.0221)
是否苏南地区	0.4224	0.1336	0.1531
	(0.5405)	(0.3663)	(0.4610)
割点1: 4.6252 (0.9834)		Log likelihood = -236.7802	
观察值 = 585		LR chi2 (14) = 184.08	
		Prob > chi2 = 0.0000	

注：括号中为标准误差；***、**和*分别代表1%、5%和10%的显著水平。

机会，而降低其成为非正规借款者的机会，原因较为明显，由于贷款者甄别借款农户的信誉，主要是基于借款农户所具有的标准信息禀赋，即将年末生产性固定资产、年末金融资产、参加小组联保等指标用来衡量农户家庭的偿还能力，因此生产性固定资产价值、金融资产价值越高，以及参加小组联保借款农户往往具有较强的偿还能力，越能够部分满足正规金融机构贷款条件，较容易从正规金融机构处获得贷款，其估测的边际效应表明：年末生产性固定资产原值和年末金融资产余额均增加 1 个单位，则农户成为正规借款者的概率分别增加 0.25% 和 0.89%；家庭年收入每增加 1 个单位，借款农户成为正规借款者概率相应增加 0.12%，相应成为非正规借款者的概率也上升 0.12%。同样，参加小组联保的借款农户，其成为正规借款者的概率增加 41.61%，而成为非正规借款者的概率下降 24.11%。但其他两个标准信息禀赋的代理变量（耕地面积和非农就业能力）并不显著，这意味着大部分农村农户向正规贷款者申请贷款时，拥有耕地的面积数量和非农就业能力虽可一定程度上代表借款农户的标准信息禀赋，但其代表程度仍然较低。耕地面积变量不显著，可能的原因是农村耕地难以流通，且价值比较低，很难作为信贷抵押，而非正规借贷者由于地缘、业缘和血缘等关系相互间较了解，在解决信息不对称问题上具有较大优势，农户所拥有的耕地面积并不作为其发生贷款的参考依据。非农就业能力变量不显著，其原因在于非农就业能力代表非农业收入占家庭总收入的比重，农村农户家庭收入较低，即使非农业收入占家庭总收入的比重存在较大差距，其绝对额也不会相差太多，从而对借贷行为选择也不会产生显著影响。

  对于农户社会资本变量，邻里关系、与村干部关系因素对于农户是否得到非正规金融贷款显著为负[①]，表明家庭在村中的邻里关系越好或与村干部关系越好，越容易得到非正规金融贷款。主要原因是我国农户较注重生活圈子里的名声，这是农户友情借贷存在的基础（张杰，2005）。与之不同，正规金融在做放贷选择时往往不会注重农户间的邻里关系、村干部关系等农户社会资本情况，因

---

① 对于"邻里关系"变量，模型取值依照问卷选项次序，即"1＝非常融洽，2＝比较融洽，3＝关系一般，4＝比较疏远，5＝几乎不来往"，模型得出系数为负，即取值越小，关系越好，越易得到贷款。为了便于理解，此处用两者正相关表示，即关系越好，越易得到借款。此外，"与村干部关系"变量与此情况相同，做相同处理，此处不再赘述。

此表现不显著。此外,农户所在家庭为村干部家庭时,越容易得到非正规金融和正规金融贷款,原因是他们在村落中具有的威望和地位越高,违约风险可能就更低,因此在申请贷款时具有一定的优势。

同时,农户所有需求特征变量(户主年龄、户主受教育年限和家庭劳动力水平)均未通过显著性检验。理论上,农户年龄越大、受教育年限越长、家庭劳动力水平越高,其在增加家庭收入水平和扩大生产投资上可能具有更强的意愿,从而需要更多的资金,进而会对农户借贷行为选择产生显著的影响,但估计结果并未通过显著性检验,其原因可能是由于样本规模较小,且样本数据为截面数据所致。

农户所在地区的特征变量(是否苏南地区)同样未通过显著性检验。苏南地区为江苏省的发达地区,往往越发达的地区正规金融机构数量会更多,其服务"三农"的覆盖面也会更广,进而农户对金融产品的认知度也更高,因此农户居住在发达地区会更倾向从正规金融机构借款,但估计结果并没有通过显著性检验,这说明发达地区的金融资源仍不够充裕,农村金融市场的竞争局面仍未出现。

5.3.3 农户借贷匹配决定因素分析结论

基于借贷匹配理论模型,本章认为标准信息禀赋越高的农户,其正规程度越高,借款交易成本越低,向具有处理标准信息优势的贷款者显示其信誉的能力越强,从而标准信息禀赋高的借款者(即正规借款者)较标准信息禀赋低的借款者(即非正规借款者)更容易获得正规贷款者的贷款,而标准信息禀赋低的借款者(即非正规借款者)更可能与使用非正规贷款技术(即使用情感化信息进行审查和监测的非正规贷款技术)的贷款者进行借贷匹配。同时,个体借款者标准信息禀赋的差异得以使相应金融制度安排而形成的合理结构,也进一步论证了正规与非正规二元金融结构存在的合理性。

进一步,本章运用有序多分类 Logit(OLM)模型对江苏省农村农户的问卷调查数据进行了实证分析,估计结果表明:具有较多标准信息禀赋的农户(生产性固定资产、金融资产、家庭收入、参加小组联保等),能够获取正规金融机构贷款的概率较大,从而验证了正规贷款者主要依据借款农户所拥有的标准信息禀赋(正规性程度)来显示其信誉,同时,拥有标准信息禀赋程度较高的借款农户向正规金融显示其信誉的成本也较低,从而形成借贷匹配。同样,实证表明,农户社会资本(邻里关系、在村中身份、与村干部关系)并不影响正规金融的放贷选择,但对非正规金融放贷选择产生显著影响。这说明正规金融和非正规金融部门的金融供给具有不同的侧重点,其中正规金融倾向于拥有标准信息禀赋程度较高的农户,而非正规金融倾向于拥有丰富社会资本的农户。初步判断,非正规金融与正规金融对不同类型农户(即不同信息禀赋农户)放贷选择情形如表5-9所示。

表5-9 非正规金融与正规金融对不同类型农户的放贷选择

不同类型农户	社会资本丰富	社会资本匮乏
标准信息禀赋高	正规金融 非正规金融 (竞争或互补①)	正规金融(分割)
标准信息禀赋低	非正规金融(分割)	金融缺口

基于不同类型农户标准信息禀赋和社会资本情况,非正规金融与正规金融对不同类型农户的放贷选择行为体现出以下关系:当农户拥有较高的标准信息禀赋和丰富的社会资本时,两者体现出竞争或互补关系;当农户仅拥有较高的标准信息禀赋时,或仅拥有丰富的社会资本时,两者体现出分割关系,其中非正规金融能够满足于标准信息禀赋较低但社会资本丰富的农户群体的信贷需求,而正规金融能够满足于社会资本较匮乏但标准信息禀赋较高的农户群体的信贷需求;对于标准信息禀赋和社会资本都欠缺的农户群体,正规金融机构和非正规金融部门都不愿意对其进行放贷,由此形成金融缺口。可见,农村正规金融和农村非正规金融两部门之间既可能为竞争性的替代关系,也可能存为互补关系,同时两者可能存在着分割关系,分别服务于市场的两极。

---

① 有必要说明的是,该处的"互补"只是一种功能上的互补,并不适用于经济学上关于"互补"的定义。

5.4 本章小结

通过对农户融资行为特征描述表明，农村正规金融与农村非正规金融的贷款选择在借贷意愿、借贷用途、规模、期限、利率以及抵押担保等方面存在差异。可简单概括为：在农村二元金融结构市场下，农村正规金融和非正规金融部门作为农村金融市场上的资金供给者，两者的服务对象和服务特点等存在着一定的差异。其中，正规金融主要用于非农业生产，平均借贷规模相对较大，借款手续较烦琐，对借款农户的抵押担保要求较为严格，期限一般为1年，且要求按期偿还，不得拖延；非正规金融借款主要用于农户的生活性借贷，多为亲朋好友之间的互助型借贷，借贷手续简便，期限较灵活。对此，农户的异质性决定了他们贷款需求的多样性，他们会根据自己的贷款需求及自身情况，选择从正规金融部门或是从非正规金融部门进行融资。不同农户做出的不同选择最终形成农村正规金融与非正规金融共存的二元金融结构现象。

进一步，基于江苏省1202户农户的调查数据，采用OLM模型实证检验了不同类型借款者与不同类型贷款者借贷匹配的决定因素。研究结果表明：具有较多标准信息禀赋（生产性固定资产、金融资产、家庭年收入、参加小组联保等）的农户，能够获取正规金融机构贷款的概率较大，从而验证了正规贷款者主要依据借款农户所拥有的标准信息禀赋（正规性程度）来显示其信誉。同样，实证检验结果表明，农户社会资本（邻里关系、在村中身份、与村干部关系）并不影响正规金融的放贷选择，但对非正规金融放贷选择产生显著影响。这说明正规金融部门和非正规金融部门的金融供给具有不同侧重点，其中正规金融趋向于具有标准信息禀赋的农户，而非正规金融趋向于具有丰富社会资本的农户。

基于上述研究结论，本章节得出以下政策启示：

第一，农村金融机构繁杂的贷款手续和冗长的审批流程给借款者带来了巨大的时间成本，也会使借款农户错过资金的最佳使用时机。因此，农村金融组织应积极创新贷款技术，创新信贷产品与服务，简化贷款程序、改进借贷合约、降低交易费用等。

第二，针对农村农户缺乏足够的抵押和担保品的问题，应尽快建立健全农户标准信息评估体系，放宽抵押、担保要求，允许农户以其他形式如土地承包经营权抵押贷款、农产品定单等抵押贷款。

第三，针对农村金融市场信贷资源缺乏问题，应大力培育更多的新型农村金融组织，构建多元化农村金融体系，加大金融支农投入，扩展金融服务的范围，从而有效改善农村信贷约束问题。

第四，农村正规金融机构具有处理标准信息的合约优势，从而在吸收存款、规模经济及范围经济上具有规模优势，而非正规部门的借贷依赖于自有资金，借贷规模较小，资金的机会成本较高，但其比较优势体现在可应用其在乡村社区中的权力、地位和私人关系以及作为内部人的信息优势，获得各类借款者的个人信息。因此，应充分利用正规金融和非正规金融的相互优势，以金融联结形式扩展金融服务"三农"的范围，使农村金融市场形成优势互补、分工合作的有机整体。

第6章 农村正规金融与非正规金融之间的相互关系形成及区域变化

6.1 引言

上一章通过有序多分类 Logit 模型，得出基于农户不同信息禀赋的差异，正规金融和非正规金融会做出不同的放贷选择行为，从而体现了两者之间形成不同的关系。那么，在农村二元金融结构市场中，正规金融与非正规金融的相互关系是如何形成的？不同条件下相互关系区域如何变化？对正规金融与非正规金融之间相互关系的理解决定了理论界和决策层对农村信贷市场所采取的政策措施，因此，系统全面地理解两者之间的关系是制定正确金融政策的关键。本章将在前文研究的基础上，进一步研究两者相互关系的形成及区域的变化，从而更好地体现出农村金融供给市场的构成。

6.2 农村正规金融与非正规金融的相互关系

农村正规金融市场与非正规金融市场之间的相互关系，可用图6-1表示，依据借款者所拥有的标准信息禀赋水平进行排序,借款者的标准信息禀赋水平越高,则表明其提供抵押担保的能力越强,沿着标准信息禀赋水平从低到高这一序列,正规金融机构放贷者倾向于对标准信息禀赋水平较高的借款者进行放贷,因此,正规金融机构主要服务于 BD 段的借款者。由于非正规贷款者贷款资金有限,而信息优势又仅局限于社区范围,沿着标准信息禀赋水平从低到高这一序列,借款者的资金需求增加,而非正规贷款者满足借款者的能力下降,非正规金融则服务于 AC 段的借款者。

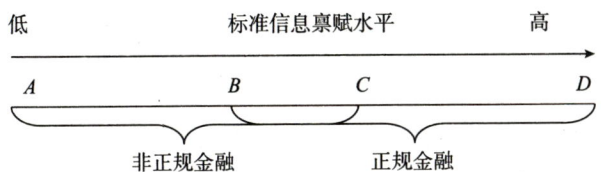

图 6-1 农村正规金融与非正规金融相互关系示意

6.2.1 竞争和互补

图 6-1 中的 BC 段为正规金融与非正规金融重叠部分,即上一章中具有较高标准信息禀赋和社会资本丰富的农户群体中,表示借款者既可以从正规金融,也能从非正规金融处获得借贷。因此,基于条件的不同,非正规金融和正规金融既可能是竞争关系,也可能是互补关系。

6.2.1.1 竞争(或替代)

在农村二元金融结构下,正规金融与非正规金融两者并存势必会在业务上存在重合进而产生竞争关系。但两者之间的竞争关系,需满足以下条件:一是对于借款者而言,既可从农村正规金融处也可从农村非正规金融处获取贷款;二是农村正规金融机构和农村非正规金融部门均愿意放贷,且不受放贷规模约束。在满足以上条件的情况下,农户可根据成本最小化原则选择从两部门自由获得贷款。竞争关系可能会导致两种结果:第一,当农村非正规金融或农村正规金融一方的服务优于另一方时,对农户而言会使得其向某一方借款的成本下降,其融资渠道倾向于成本下降方,表现为向某一部门借款的份额下降,另一部门借款的份额上升,即此消彼长的替代关系;第二,对于农户而言,在资金充裕、农村正规金融渠道与非正规金融渠道的借款成本一致的情形下,农户的借贷渠道选择不会发生变化,即竞争并不会使借款者发生迁移。此时,正规金融与非正规金融之间的竞争会使借贷利率趋于下降。

假定正规金融和非正规金融均能独立满足借款者的资金需求,借款者可依据借款成本最小化原则从正规金融或非正规金融处自由获取借款。对正规金融而言,假设借款者的贷款需求为 L,贷款成本①为 C_f,其中,贷款成本 C_f 由利息成本 Lr_f、贿赂成本② C_b、时间与交通成本③ C_t 构成。由于正规金融机构的利息成本往往受到政府的管制,因此其利息成本在一定范围内波动。

借款者向非正规金融部门借款的成本 C_i 主要包括利息成本 Lr_i 和面子成本 C_s。利息成本由市场上的资金供需水平决定,面子成本是指借款者为获取相应借款时的精神损失(张杰,2001),以及以实物和礼金等形式的馈赠。④ 如果考虑面子成本,那么互助性的非正规金融与商业性的非正规金融实际上收取的都是正利率。

由上可知,借款者从正规金融渠道和非正规金融渠道借款的总成本分别为:

$$C_f = Lr_f + C_b + C_t \quad (6-1)$$

$$C_i = Lr_i + C_s \quad (6-2)$$

由于农村正规金融机构在不同地区的发展程度差异较大,且不同地区的激励机制也不同,因此农村正规金融和非正规金融的竞争会产生不同的均衡结果。主要有以下三种均衡情况。

(1)第一种均衡:从直接的利息成本来看,正规金融利率为5%~8%,而

---

① 农户的贷款成本主要包括利息,给信贷员的礼物和回扣,为贷款来回奔波所花的时间、路费,提前扣息,故意罚息(农户贷款一年,只贷三个月,然后通过罚息来提高利率),非自愿的信用社社员"会费"(股金)等(徐忠和程恩江,2004)。此处为简便起见,仅考虑其中的几种。

② 贿赂成本是指借款者为获取相应贷款而向放贷相关人员支付的回扣等。

③ 时间与交通成本是指借款者往返于金融机构的交通费用和等待审核时间所引发的其他成本,该成本与农村正规金融机构提供的服务水平高度相关,为简便起见,用 C_t 统一表示。

④ 亲戚朋友间的借贷碍于面子,不收取利息,但作为人情回报,借款者仍会以实物形式予以弥补,按等价折算其利率一般仍高于正常贷款利率(张胜林等,2002)。Tong Li(2005)发现,当贷款者家里有婚丧嫁娶之事时,借款者需要比其他同村人送更多的钱作为礼金;在过年时,借款者送给贷款者孩子的压岁钱要多于贷款者送给借款者孩子的压岁钱。

本书调查的非正规金融利率为20.43%,可见正规金融利率远远小于非正规金融利率。从间接成本来看,在贷款责任终身责下,对于信贷员而言,贷款无法收回对其损失最大,因此,即使在贷款违约风险很小的情况下,综合贷款未违约的收益和违约的成本,信贷员的预期收益也可能为负,因而,在自身收益和贷款利润相关性极为微弱的情况下,稍具风险的贷款也会被信贷员拒绝(高晓红,2001)。在此情况下,农村正规金融机构放贷者往往出现惜贷、慎贷现象,使得农村地区资金的供应量短缺,从而借款者不得不转向非正规市场进行借贷,在此情况下,非正规金融部门的利率会上升。考虑到正规金融机构的利率基本固定,放贷人员可能会向借款者收取贿赂,从而使得借款者的实际成本与非正规金融借款成本一致。可见,贿赂成本客观上是由非正规金融市场利率和央行管制的利率决定的。有研究表明,正规金融贷款利率如果加上贿赂率等因素,实际的正规金融利率会与非正规金融利率近乎相同(谢平和陆磊,2001)。

(2) 第二种均衡:若正规金融机构发展较为成熟,体制也较完善,激励机制设计合理,如通过让信贷人员直接参与剩余分配,并付出较大成本监督信贷员的受贿行为等。在这种情况下,信贷员将竞争好的借款者,以降低贷款违约的概率,增加贷款发放的数量,具体表现在提供良好的贷款服务上①,如送货上门、简化贷款审批手续、不收取贿赂等。这一方面使得借款者向正规金融机构借款的成本下降;另一方面,农村金融机构资金供给的增加会引起非正规金融市场利率的下降。两部门之间的竞争最终会使借款者的实际成本下降,进一步利率下降,这种情况在浙江温州等地区表现得比较突出,如图6-2所示。②

(3) 第三种均衡:在非正规资金充裕的地区,由于农村正规金融机构贷款手续烦琐,使得借款者借款的非价格成本增加,正规金融机构的借款者会转而求助于非正规金融部门。笔者根据对江苏省农村的调查发现,在资金相对充裕的地区,正规金融规模的扩大会减少非正规金融的规模。中国人民银行乐山市中心支

---

① 王晓毅(1999)对温州农村信贷市场的研究表明,正规金融和非正规金融的竞争推动了金融事业的发展,在与非正规金融的竞争中,国有商业银行和农村信用社的服务有了很大的改善,如工商银行开办个体私营经济贷款,农业银行开始简化贷款审批手续,以减少贷款申请的批准时间等。

② 资料来源:中国人民银行温州市中心支行公布的民间借贷监测利率。见温州民间借贷服务网,http://www.wzmjjddj.com/news/bencandy.php?fid=109&id=1087。

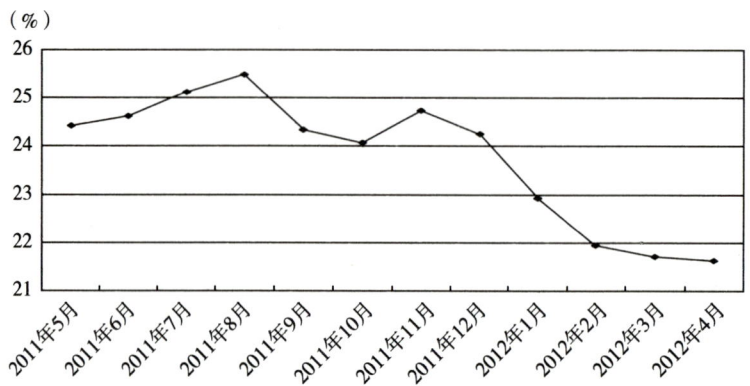

图6-2 2011年5月~2012年4月温州市民间借贷综合利率走势

资料来源：中国人民银行温州市中心支行公布的民间借贷监测利率。见温州民间借贷服务网，http://www.wzmjjddj.com/news/bencandy.php?fid=109&id=1087。

行课题组（2005）对四川犍为县的调查表明农村正规金融作用发挥的程度与非正规金融活跃的程度呈负向关系。农村信用社小额农户信用贷款发放得相对好的乡镇，有非正规借贷行为的农户就相对较少；反之，有非正规借贷行为的农户就相对多一些。中国人民银行赣州市中心支行课题组（2006）研究表明，非正规融资比重与正规金融存贷比表现出一定程度的负相关，非正规融资规模、发放速度与正规金融此消彼长。

由此可见，不同地区农村正规金融机构发展程度和激励机制差异较大，竞争会形成以上不同的均衡结果。

6.2.1.2 互补

农村非正规金融与正规金融之间的互补关系主要体现在具有高标准信息禀赋水平和丰富社会资本的农户群体中。Maria和Morie（2006）发现正规金融和非正规金融部门之间存在天然的互补关系（Natural Complementarities），如表6-1所示。其中，互补包括两种情况：一是用途互补。由前文调研数据分析可知，农村借款者的生活性借贷不能从正规金融渠道获得，而只能通过非正规金融渠道获取，但生产性借贷通常从正规金融渠道获取。二是资金互补。当非正规金融或正规金融单一的部门无法满足借款者所有的资金需求时，借款者则通过两种渠道共同来满足其资金需求。该情形主要是由于非正规金融部门提供资金的能力不足以及正规金融部门存在信贷配给。

表 6-1 正规金融和非正规金融之间的互补关系

优点		缺点	
正规金融	非正规金融	正规金融	非正规金融
金融服务范围更广	更接近农村客户	距离农村客户遥远	金融服务的范围有限
固定的营业场所和完备的基础设施	经营方式富有灵活性	可能无能力掌握农村客户的信贷风险	缺乏进入资本市场的途径
能进入资本市场	了解当地的文化和市场	缺乏对当地的了解	缺乏必要的基础设施来服务分散的客户
多样化产品	程序简单、审批迅速	贷款程序烦琐、审批时间长	资本组合较集中

资料来源：摘自《Expanding the frontier of rural finance through lingkages》，Maria Pagura，2006。

6.2.2 分割

分割的产生通常发生在两个子市场之间，由于信息不畅通，资金无法在两个市场之间自由流动，因而，一个市场资金供应情况的变化并不会影响到另一市场资金的供应变化。信息图 6-1 中的 AB 段和 CD 段分别服务于农村信贷市场的两极，即 AB 段仅存在非正规金融部门对借款者进行放贷，而 CD 段仅存在正规金融部门对该范围的借款者进行放贷，此时，正规金融与非正规金融两部门表现出分割关系。

此处需要说明的是，由于正规金融与非正规金融各自服务不同的对象，满足了不同目的借款者的需求，两者在不同领域具有比较优势。因此，若将所有的借款者视为一个整体，则从更加广泛的意义上讲，正规金融与非正规金融之间的分割关系实则可等同于互补关系。因此本书将分割理解为两者的互补关系，此处不再重复赘述。

6.3 农村正规金融与农村非正规金融相互关系的形成

上一章通过建立有序多分类 Logit 模型,探讨了农村正规金融和非正规金融借贷匹配的决定因素,也即两者各自的放贷意愿。但作为离散选择模型,有序多分类 Logit 模型考察的是具有不同信息禀赋的农户通过正规金融或非正规金融渠道获得其信贷需求的可能性,但从中并不能体现农户的信息禀赋与其贷款额度之间存在的关系。

由前文实证分析可知,农村正规金融机构对借款者是否进行放贷主要取决于借款农户的标准信息禀赋程度,并不关注农户所拥有的社会资本水平;与之相反,非正规金融放贷者更注重农户社会资本特征。笔者通过问卷调查获取了农户从正规金融渠道和非正规金融渠道分别获取的贷款金额,通过分析农户通过正规金融渠道获得的贷款金额与其标准信息禀赋水平之间的联系,以及通过从非正规金融渠道获取的贷款金额与社会资本特征之间的联系,进而可对两者的借贷匹配区域及由此形成的相互关系进行探究。

6.3.1 农村正规金融和非正规金融借贷匹配区域

6.3.1.1 农村正规金融与农户的借贷匹配区域

农户所拥有的标准信息禀赋程度是农村正规金融机构放贷考察的主要因素,农户具有的标准信息禀赋程度越高,显示其信誉及偿还能力越强,从而越容易得到正规金融机构贷款。那么,农户的标准信息禀赋程度与农村正规金融机构对其放贷的额度是否存在联系?如果存在联系,是否可据此描绘出正规金融与借款农户的借贷匹配区域?

基于此,本书首先检验农户标准信息禀赋特征与农村正规金融对其贷款额度的相关性,然后建立两者的趋势线,从而描述出农村正规金融与农户之间的借贷匹配区域,并为进一步分析农村二元金融结构下正规金融和非正规金融相互关系的形成与发展提供一定基础。

在标准信息禀赋的代理变量上,采用表 5-8 实证结果中标准信息禀赋(I_i)的代理变量各估计值来表示,即该指标由年末生产性固定资产原值(FIX)、年末金融资产余额(FIA)、家庭年收入(INE)及是否参加小组联保(JGE)特征组成,可列公示表述如下:

$$I_i = \lambda_{i1} \times FIX + \lambda_{i2} \times FIA + \lambda_{i3} \times INE + \lambda_{i4} \times JGE \qquad (6-3)$$

其中,采用前文实证分析中(有序多分类 Logit 模型估计结果)的估计结果作为各系数相对应的权重,据此可得出样本农户的标准信息禀赋特征指标 I_i,如表 6-3 所示。

表 6-2 农户借贷匹配决定因素

	获得正规金融贷款	获得非正规金融贷款
标准信息禀赋的代理变量		
耕地面积	不相关	不相关
年末生产性固定资产原值	正相关	负相关
年末金融资产余额	正相关	负相关
家庭年收入	正相关	正相关
农户非农就业能力	不相关	不相关
是否参加小组联保	正相关	负相关
农户社会资本变量		
邻里关系	不相关	正相关
在村中身份	正相关	正相关
与村干部关系	不相关	正相关

表 6-3 农户标准信息禀赋特征指标构成

标准信息禀赋	年末生产性固定资产原值	年末金融资产余额	家庭年收入	是否参加小组联保
代码	FIX	FIA	INE	JGE
系数	λ_{i1}	λ_{i2}	λ_{i3}	λ_{i5}
权重	0.0025	0.0089	0.0012	0.4161

农户标准信息禀赋特征 I_i 与农户从正规金融获得贷款额度 W_i 两者的统计检验结果表明：两者存在正相关，且相关系数为 0.8715（P 值 < 0.05），因此，可通过以上数据描绘出农户标准信息禀赋特征和农户从正规金融渠道获取的贷款额度的相关关系，如图 6-3 所示。

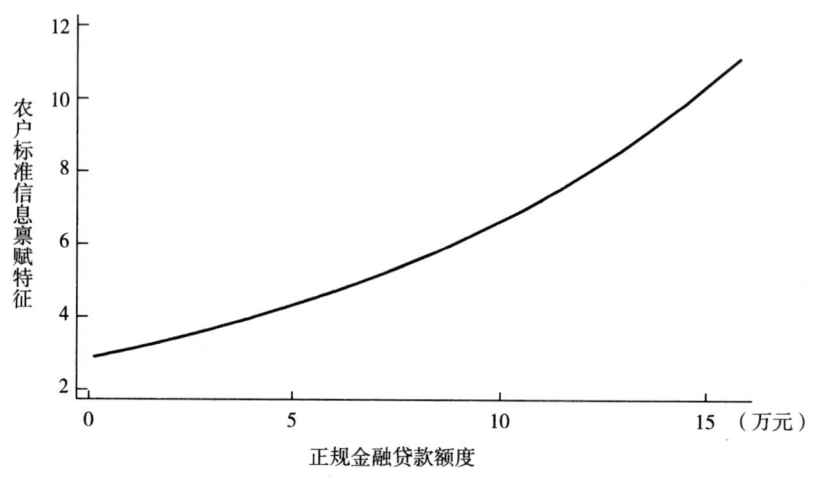

图 6-3　农村正规金融与农户的借贷匹配区域

在图 6-3 中，坐标横轴为农村正规金融机构对样本农户的贷款额度，纵轴为农户标准信息禀赋特征①，图中的趋势线为正规金融放贷额度的界线。放贷趋势线的上方区域为农村正规金融与农户标准信息禀赋特征变量相对应的匹配区域，放贷趋势线下方区域为正规金融配给的区域。该放贷趋势线为凹曲线，表现为：当农户所具有的标准信息禀赋特征值较低时难以获取正规金融机构的贷款，原因在于正规金融机构放贷者考虑到可能存在的风险，认为其偿还能力较低，从而对其选择惜贷方式；当农户标准信息禀赋特征值较高时，正规金融机构对其放贷的额度并没有对应呈等量增加，其原因可能是正规金融机构对于高额贷款的信贷审核要求更高，当农户的贷款额度不断增加，相应需要对应更高的标准信息禀

---

① 由于农户标准信息禀赋特征值较小，为方便后续图形表达，本书在不影响分析过程和结论的情况下，设 $I'_i = I_i + 10$，表示农户收入特征情况。

赋特征值。

6.3.1.2 农村非正规金融与农户的借贷匹配区域

农户的社会资本特征是农村非正规金融部门放贷考察的主要因素，即农户间邻里关系越融洽，与村干部关系越好，在村中身份地位越高，从而越容易从非正规金融部门获得贷款。

基于此，本书首先检验农户的社会资本特征值与非正规金融贷款金额的相关性，然后通过建立两者的趋势线，从而描绘出农村正规金融与农户之间的借贷匹配区域。

采用表5-8实证结果中农户社会资本特征（R_i）的代理变量各估计值来表示社会资本的代理变量，即该指标由农户邻里关系（NEH）、在村中身份（OFL）及与村干部关系（IDT）特征组成，可用公式表述如下：

$$R_i = \theta_{i1} NEH + \theta_{i2} OFL + \theta_{i3} IDT \tag{6-4}$$

其中，各系数的权重采用前文实证分析中有序多分类 Logit 模型估测结果，据此可得出农户社会资本特征值 R_i 如表6-4所示。

表6-4 农户社会资本特征指标构成

社会资本特征	邻里关系	在村中身份	与村干部关系
代码	NEH	OFL	IDT
系数	θ_{i1}	θ_{i2}	θ_{i3}
权重	0.0458	0.0598	0.0342

农户社会资本 R_i 与农户通过非正规金融获取的贷款额 W_i 两者的统计检验结果表明：两者存在正相关，且相关系数为0.7014（P 值 < 0.05）。根据以上数据，建立农户从非正规金融贷款额度和农户社会资本的相关关系如图6-4所示。

在图6-4中，坐标轴横轴为农村非正规金融对样本农户的贷款额度，纵轴为农户社会资本特征①，图中的趋势线为非正规金融放贷额度的界线。为了方便

---

① 由于农户社会资本指标较小，为了方便后续图形表达，本书在不影响分析过程和结论的情况下，设 $R'_i = R_i + 8$，表示农户社会资本情况。

后文中的图形表达,此处坐标轴采用逆序刻度值表述。相应地,在逆序刻度上,放贷趋势线的上方区域为农村非正规金融与农户社会资本特征变量相对应的匹配区域,放贷趋势线下方区域为非正规金融不愿对其放贷的区域。与正规金融放贷趋势线相反,非正规金融的放贷趋势线显示为凸曲线,表现为:在农户社会资本特征值极度低时,也能够从非正规金融获得相应借款,原因在于农村社区的互助精神;当农户社会资本特征值较高时,非正规金融可对其放贷的额度呈递增趋势,可能的原因是当农户社会资本特征值足够高时,此时借款农户与非正规放贷者可能具有一定的血缘关系,因此可从非正规金融处获取足够多的贷款金额。

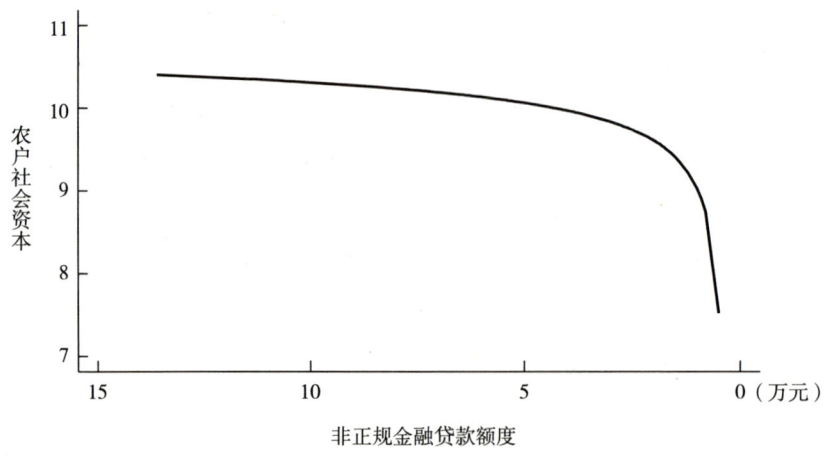

图 6-4 非正规金融与农户的借贷匹配区域

6.3.2 农村正规金融和非正规金融相互关系的形成

6.3.1 节分析了正规金融、非正规金融各自与农户的借贷匹配区域,若将"正规金融与农户的借贷匹配区域"与"非正规金融与农户的借贷匹配区域"的图形相结合,可构建出正规金融和非正规金融的相互关系区域,如图 6-5 所示。

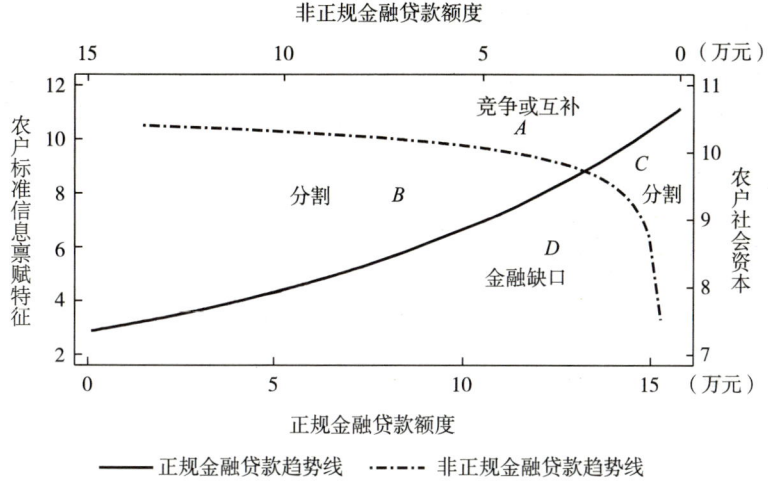

图 6-5 正规金融和非正规金融的相互关系

在图 6-5 中，正规金融放贷趋势线与非正规金融放贷趋势线两者相交且构成了四个区域。在区域 A 处，依据不同条件，此处的正规金融与非正规金融两者可能是竞争关系，也可能是互补关系。在该区域的正规金融与非正规金融贷款对于借款者而言并没有明显的差异，借款者能够自由地从两个部门获得贷款；区域 B 与区域 C 处的正规金融与非正规金融均体现出分割关系，在区域 B 内的借款者仅能够满足正规金融机构的贷款要求，区域 C 内的借款者仅能够满足非正规金融的贷款需求，可见，非正规金融在该区域处形成了对正规金融的补充作用；区域 D 处形成了农村信贷市场的金融缺口，此处的借款者由于其具有的标准信息禀赋特征值和社会资本特征值都较低，既不能够满足正规金融贷款的要求，也不能满足非正规金融的贷款要求，因此，该处的借款者的贷款需求需依靠政府对其补贴来满足。

6.4 农村正规金融与非正规金融相互关系的区域变化

现实中，正规金融与非正规金融的放贷趋势线往往会随着经济发展及政府政策变化而发生变动,从而两者各自的放贷趋势线会发生变动,进而导致两者之间相互关系的区域变动,影响了农村金融体系的供给水平及农村经济发展水平。基于此,本书将政策变化导致的正规金融与非正规金融的放贷趋势线的变动进行分析,从而探讨两者相互关系的区域变动及影响。

6.4.1 正规金融贷款紧缩

当央行实行紧缩的货币政策时,正规金融机构贷款收缩(见图6-6),导致农村信贷市场的资金投放减少,相应地,农户生产资金需求将无法得到满足,农村金融市场的供给体系也将受到影响。

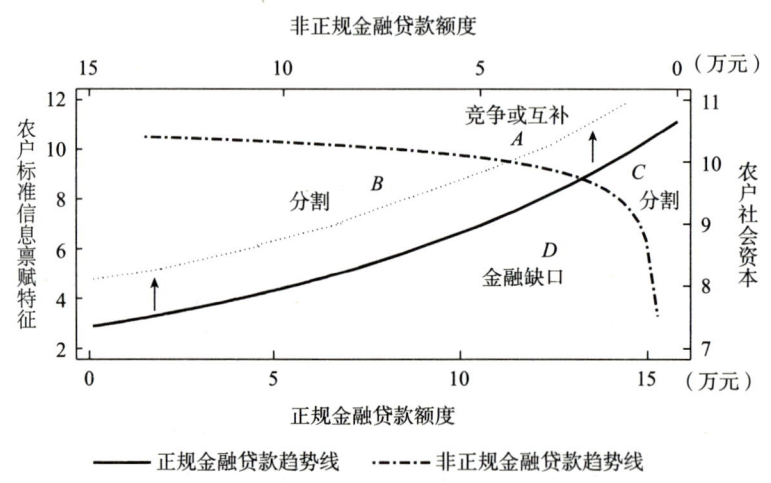

图6-6 正规金融贷款紧缩

在图6-6中,在正规金融贷款紧缩的情形下,正规金融机构将提高农户的贷款要求,即正规金融机构的贷款额度对应的农户标准信息禀赋特征值将相应提高,表现为正规金融放贷趋势线上移(随图中黑色箭头方向向上移动)。此时,正规金融机构的贷款区域 $A+B$ 相应减少,非正规金融部门的贷款区域 C 相应增加,农村信贷市场的金融缺口 D 也随之扩大。

可见,央行实行紧缩货币政策导致正规金融机构贷款紧缩,一方面有助于抑制通货膨胀,但另一方面也带来了严重的资金短缺问题。农村信贷市场上过大的金融缺口将严重影响到农村经济发展以及农村社会的安定。同时，部分农户不得不借助于非正规金融渠道进行资金融通，从而导致非正规金融大量泛滥，在金融监管机构无法遏制的情况下，极易带来风险隐患。

6.4.2 正规金融贷款扩张

当央行实行扩张的货币政策时，与紧缩货币政策相反，正规金融机构贷款扩张（见图6-7），农村信贷市场的资金投放增加，农户生产资金需求得到更大的满足，同样影响到农村信贷市场的供给体系。

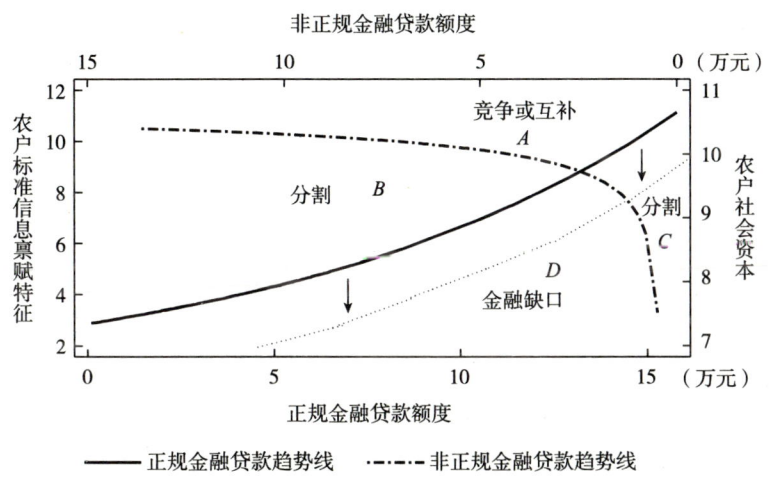

图6-7　正规金融贷款扩张

在图6-7中，在正规金融贷款扩张的情形下，相应地，农村正规金融机构降低农户的贷款要求，即正规金融机构的贷款额度对应的农户标准信息禀赋特征值将相应降低，表现为正规金融放贷趋势线下移（随图中黑色箭头方向向下移动）。此时，正规金融机构的贷款区域 $A+B$ 相应增加，非正规金融部门的贷款区域 C 相应减少，农村信贷市场的金融缺口 D 也随之减少。

可见，央行实行扩张的货币政策导致正规金融机构贷款扩张，将有助于改善农村地区存在的资金短缺问题，同时，正规金融与非正规金融之间通过竞争或互补关系，缩减了非正规金融的放贷区域，但可能会引起物价上涨，并带来不良贷款风险。

6.4.3 非正规金融贷款紧缩

非正规金融放贷区域的波动往往与国家的政策联系在一起。当政府实行相关的政策限制，打压非正规金融发展时，非正规金融会出现贷款紧缩。此外，当农村地区存在多元化的借贷渠道时，非正规金融易淘汰，从而造成非正规金融贷款的紧缩。

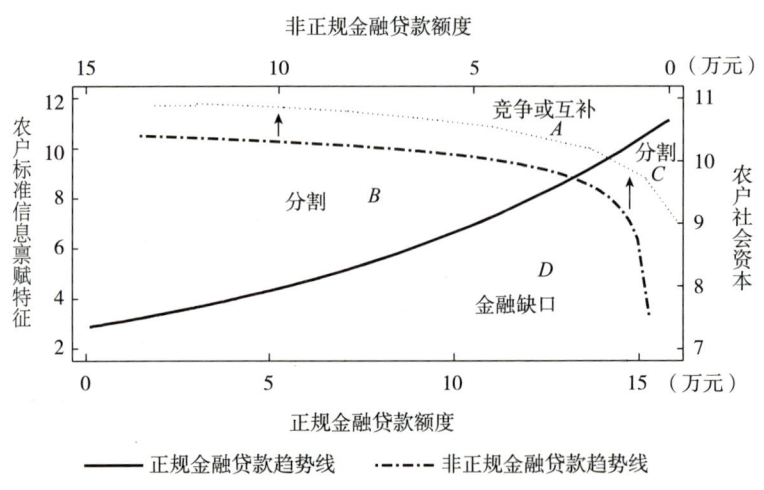

图 6-8 非正规金融贷款紧缩

在图 6-8 中，在非正规金融贷款紧缩的情形下，农村非正规金融将提高农户的贷款要求，即非正规金融的贷款额度对应的农户社会资本特征值将相应提高，表现为非正规金融放贷趋势线上移（随图中黑色箭头方向向上移动）。此时，正规金融机构的贷款区域 $A+B$ 并没有变化，非正规金融部门的贷款区域 C 相应减少，农村信贷市场的金融缺口 D 随之扩大。

可见，政府一味地压制非正规金融的发展，并未促进农村经济的发展，反而造成更大的金融缺口，导致资金短缺问题。

6.4.4 非正规金融贷款扩张

当国家立法放开非正规金融借贷,非正规金融便不断活跃起来,呈迅速扩张态势,如图6-9所示。

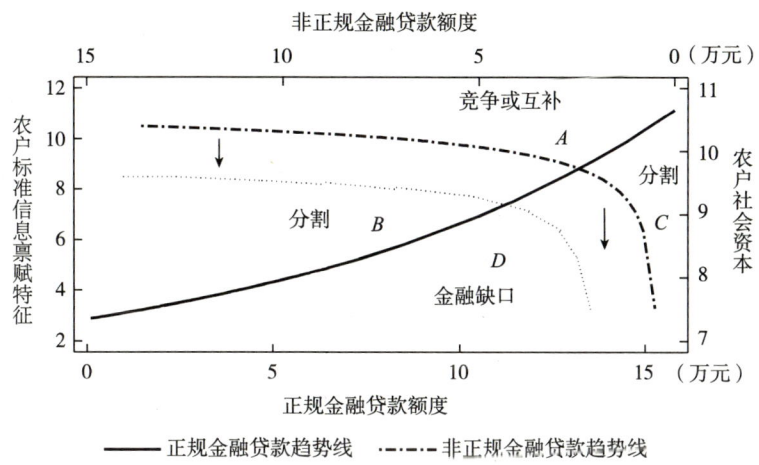

图6-9 非正规金融贷款扩张

在图6-9中,在非正规金融贷款扩张的情形下,非正规金融的贷款额度对应的农户社会资本特征值将相应减少,表现为非正规金融放贷趋势线下移(随图中黑色箭头方向向下移动)。正规金融的贷款区域 $A+B$ 并不随非正规金融放贷趋势线的变化而变化,非正规金融部门的贷款区域 C 相应增加,农村信贷市场的金融缺口 D 随之缩小。

可见,随着国家逐步放开非正规金融借贷的趋势,农村信贷市场上的资金短缺将得到一定改善,但同时随着非正规贷款区域的扩张,而风险预警机制尚不完善的前提下,势必会带来违约风险,引起农村社会的稳定。

6.4.5 正规金融与非正规金融贷款区域同时变动

在现实社会中,农村二元金融结构下的正规金融与非正规金融并不是独立地变动其贷款区域,往往是同时发生变动。从而包括以下四种情形,如图6-10所示。

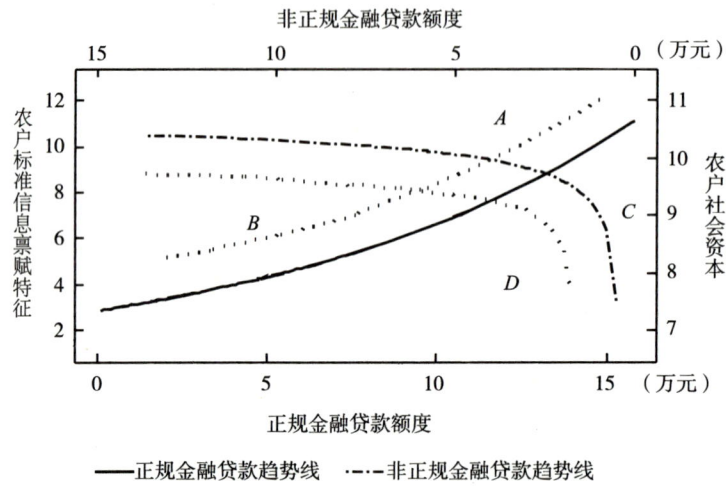

(a) 正规金融信贷紧缩&非正规金融信贷扩张

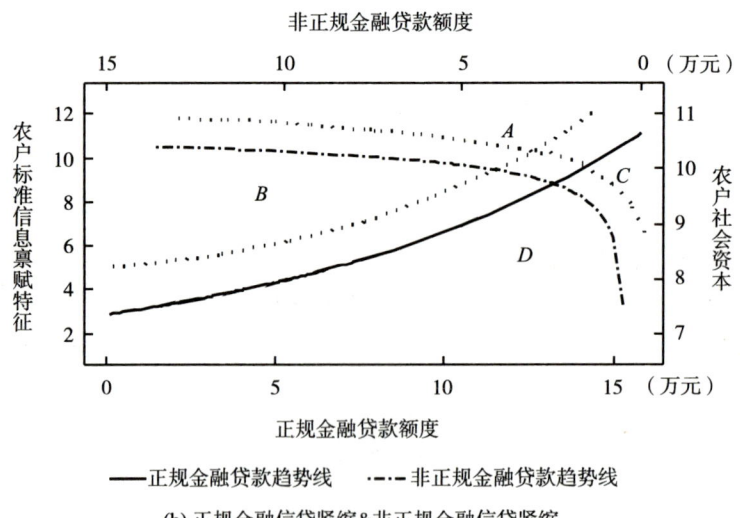

(b) 正规金融信贷紧缩&非正规金融信贷紧缩

图 6-10 正规金融与非正规金融放贷区域的同时变动

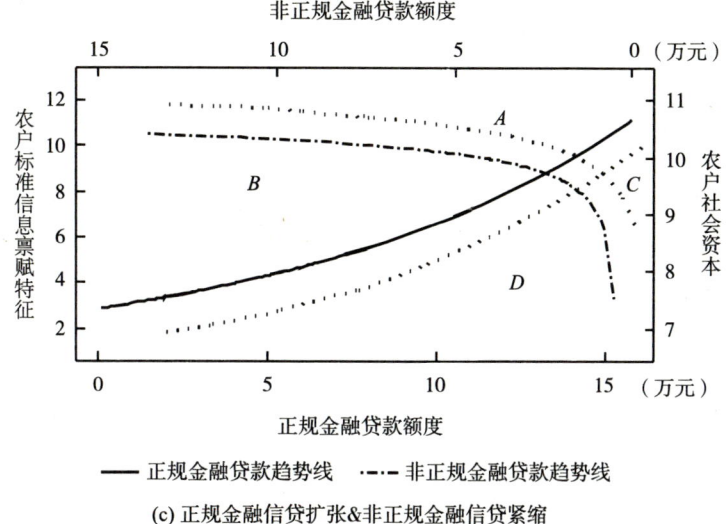

(c) 正规金融信贷扩张&非正规金融信贷紧缩

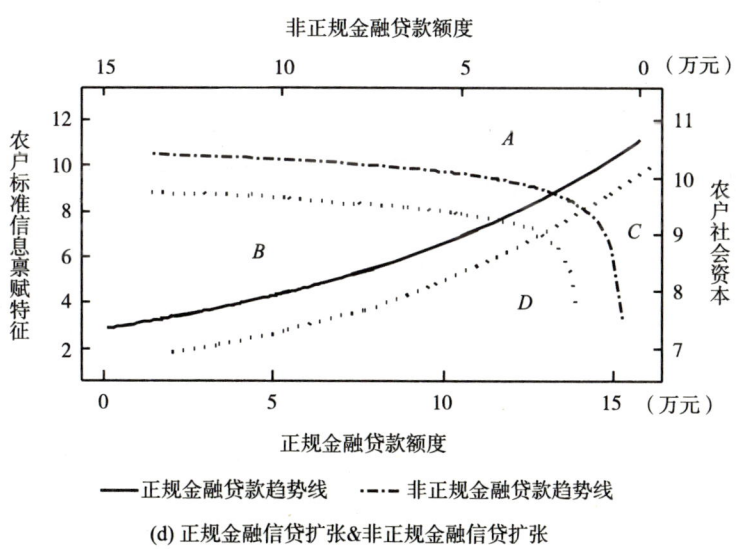

(d) 正规金融信贷扩张&非正规金融信贷扩张

图 6-10　正规金融与非正规金融放贷区域的同时变动（续图）

在图 6-10（a）中，紧缩的货币政策以及开放的非正规信贷政策，引起正规金融信贷紧缩以及非正规金融信贷扩张，表现为正规金融放贷趋势线上移，非正规金融放贷趋势线下移。在此情形下，正规金融的贷款区域 $A+B$ 相应减少，非正规金融的贷款区域 C 相应增加，由于正规金融贷款要求提高，部分农户的贷款无法得到满足，从而形成了新的金融缺口。

在图 6-10（b）中，紧缩的货币政策以及对非正规金融实行压制，造成正规金融和非正规金融的信贷紧缩，表现为正规金融放贷趋势线和非正规放贷趋势线同时上移。此时，正规金融的贷款区域 $A+B$ 随着贷款要求的提高相应减少，农村信贷市场上的金融缺口随之扩大。严重的资金短缺将影响农户扩大再生产能力，从而对农村经济发展带来不利影响。

在图 6-10（c）中，正规金融信贷扩张，同时非正规金融信贷紧缩，表现为正规金融放贷趋势线下移，非正规金融放贷趋势线上移。在此情形下，非正规金融的贷款区域 C 减少，正规金融的贷款区域 $A+B$ 相应增加。

在图 6-10（d）中，扩张的货币政策以及开放的非正规信贷政策，引起正规金融和非正规金融信贷的同时扩张，表现为两者放贷趋势线同时下移。在此情况下，正规金融的贷款区域 $A+B$ 相应增加，农村信贷市场的金融缺口相应缩小。

可用表 6-5 概括以上四种情形。

表 6-5　正规金融和非正规金融放贷区域的同时变动

		正规金融	
		信贷紧缩	信贷扩张
非正规金融	信贷紧缩	正规金融放贷区域↓ 非正规金融放贷区域? 金融缺口↑	正规金融放贷区域↑ 非正规金融放贷区域↓ 金融缺口↓
	信贷扩张	正规金融放贷区域↓ 非正规金融放贷区域↑ 金融缺口↑	正规金融放贷区域↑ 非正规金融放贷区域 金融缺口↓

注：此处"?"表示放贷区域既可能增加，也可能减少。

可推断出非正规金融风险的爆发以及农村金融供给体系的不稳定，往往是由正规金融信贷政策或非正规金融的信贷政策频繁调节或过度调节导致的。在我国正规金融市场信贷紧缩、非正规金融市场信贷扩张的情形下，我国农村金融供给市场势必会存在一定的风险。

6.5 本章小结

对农村二元金融结构下正规金融与非正规金融相互关系的理解决定了理论界和决策层对农村信贷市场所采取的政策措施,因此,系统全面地分析两者之间的相互关系及区域变动是制定正确金融政策的关键。本章在前文研究基础上,通过分析正规金融放贷额度与农户标准信息禀赋特征及非正规金融放贷额度与社会资本特征指标之间的相关关系,建立两者的放贷趋势线及不同条件下的贷款区域,可得出两者的相互关系及不同条件下两者相互关系的变动情况,对此探讨农村金融供给体系的运行效率与不足。

研究结果表明,农村正规金融机构对借款者是否进行放贷主要取决于借款农户的标准信息禀赋程度,并不关注农户所拥有的社会资本水平;与之相反,非正规金融放贷者更注重农户社会资本特征。基于此,通过分析农户从正规金融渠道获取的贷款金额与其标准信息禀赋水平之间的联系,以及从非正规金融渠道获取的贷款金额与社会资本特征之间的联系,建立了基于样本农户的两者数据的放贷趋势线,即正规金融和非正规金融分别与农户的借贷匹配区域。

进一步,通过将"正规金融与农户的借贷匹配区域"与"非正规金融与农户的借贷匹配区域"的图形相结合,构建出正规金融和非正规金融的相互关系区域。其中,正规金融放贷趋势线与非正规金融放贷趋势线交于一点,从而形成了两者相互竞争、互补、分割以及金融缺口四个区域。由于正规金融放贷趋势线及非正规金融放贷趋势线的变动,导致两者相互关系的区域变动。据此,可表明非正规金融风险的爆发以及农村金融供给体系的不稳定,往往是由正规金融信贷政策或非正规金融信贷政策的频繁或过量变动造成的。当前我国正规金融市场信贷紧缩、非正规金融市场信贷扩张的情形下,我国农村金融供给市场势必会存在一定的风险。

第7章　农村正规金融与非正规金融联结的经验考察及制度安排

　　前文研究结论可说明正规金融和非正规金融各自具有比较优势，相较于正规金融，非正规金融在信息收集、甄别以及监督贷款投向方面的成本较小，且具有地域优势。但非正规金融的优势仅限于圈层内部范围，当其组织规模与成员范围扩大、社会关系网络的扩大，非正规金融的信息优势和地域优势便逐渐减弱，导致其克服道德风险的能力也相应下降，当降至一定水平时，其优势不再显现，非正规金融的边际贷款成本呈 U 形走势，即先下降后上升。正规金融存在规模经济，即正规金融机构的边际贷款成本随着借款者数量的增加不断下降。为此，在现阶段农村二元金融结构存在的现实情况下，可考虑通过金融联结方式，通过某种途径把正规金融的资金优势和非正规金融的信息优势结合起来，从而更好地向农村地区提供金融服务。对此，分析两者联结的效率及实践经验，探讨如何真正发挥两者优势，设计农村金融联结的激励机制及制度安排，促使正规金融的资金优势和非正规金融的信息优势更好地结合起来，既能相互促进、共同发展，又能增加农村金融供给，达到多方共赢的局面。

7.1　引言

　　从前文分析可以看出，农村正规金融和非正规金融各自具有优、劣势：正规金融具有较完善的组织制度，采用标准化的合约格式、批发式的大额业务，从而能够有效降低单位交易成本，具有较强的规模效应；而非正规金融擅于提供小额、零星贷款，机制灵活、交易手续简便，无须抵押担保，且在信息收集方面具有优势。然而，我国正规金融存在远离农户趋势，运行效率低下、机构网点少、覆盖率低、内部风险较高等问题。非正规金融虽然在信息、担保等方面存在优势，但其优势的体现仅限于小范围内，其提供资金规模受限，存在较高的经营风险。由此可见，正规金融和非正规金融都不足以独自解决我国农村信贷市场面临的问题，那么，我们考虑可以将两者进行结合，通过金融联结模式，充分发挥两者的比较优势，实现优势互补，从而达到增加农村金融供给，实现多方共赢的局面。

尽管有学者观察到两者联结的现象，但其中联结的具体机制还没有被很好地理解，且鲜有学者从理论上对正规金融与非正规金融两者相互关系下的信贷市场效率进行分析。对此，本章将从理论上分析正规金融与非正规金融共存结构下各个主体的决策行为和期望收益，并从金融联结的方式、功能及对参与主体的影响等方面阐述两者联结的理论机理，旨在为两者联结的可行性奠定理论基础；同时，构建模型从理论上分析垂直联结与水平联结两类联结模式的信贷市场效率；最后，通过实践考察，评价农村正规金融和非正规金融联结的效应。

7.2 农村二元金融共存结构下各主体决策行为及期望收益的理论分析

在农村金融市场中的二元结构下，正规金融与非正规金融的合作是否较之相互独立会产生更好的收益？现有理论研究证明，正规金融和非正规金融的共存且合作，可以获得共赢的效果（赵晓菊等，2011）。基于此，本书拟从理论上分析农村正规金融与非正规金融共存结构下各个主体的决策行为和期望收益。

首先，假设农村信贷市场中的借款者与贷款方（正规金融和非正规金融）均为理性决策者。其次，假设农村正规金融与农村非正规金融部门未参与合作时，非正规金融部门可掌握农户的全部信息，而正规金融部门对潜在借款者即农户的信息完全不了解。

假设市场中存在两类投资项目，即优势项目、劣势项目。优势项目和劣势项目的收入分别为 Y_H 和 Y_L，且 $Y_H > Y_L$，风险分别为 γ_H 和 γ_L。具有融资需求的农户数为 m，且每个农户的投资项目投入的资金为 C。农户项目成功概率为 γ，此时足以偿还贷款本息；失败概率为 $(1-\gamma)$，此时无法偿还贷款本息。假设投资项目 m 个，其中优势项目和劣势项目分别为 g 个和 b 个。

假设市场中存在两类潜在的贷款者：正规金融部门（F）和非正规金融部门（I）。正规金融部门对潜在借款者的信息完全不了解，则利率均定为 R_F，由于其拥有丰富的资金，则贷款的机会成本不存在，为 0，同时假定从正规金融渠道借款的农户的贷款项目为优势项目的概率为 p。而非正规金融对潜在借款者的信息完全了解，对此，其可满足遭受正规金融信贷配给的借款者的贷款需求，此时，利率高为 R_I，且 $R_I > R_F$，由于非正规金融部门资金稀缺，其贷款的机会成本假定为 ϕ。

7.2.1　当农村信贷市场上仅存有正规金融部门时

当考虑在农村信贷市场上仅有正规金融部门时，借款者均仅能从正规金融处获取贷款。则正规金融部门会随机从 m 个项目中选择 mp 个项目进行贷款，而在这 mp 个贷款项目中，有 gp 个优势项目和 bp 个劣势项目，对此，正规金融部门的期望收益可表示为：

$$Y_F = gp[\gamma_H R_F C + (1-\gamma_H)(-C)] + bp[\gamma_L R_F C + (1-\gamma_L)(-C)] \quad (7-1)$$

农户的期望收益表示为：

$$Y_m = gp\gamma_H[Y_H - C(1+R_F)] + bp\gamma_L[Y_L - C(1+R_F)] \quad (7-2)$$

7.2.2　当农村信贷市场上同时存在正规金融与非正规金融两部门但无合作时

当考虑农村信贷市场上同时存在正规金融与非正规金融两部门的情况下，由于 $R_I > R_F$，借款农户会优先考虑从正规金融处申请贷款，则在选择贷款项目上正规金融部门具有优先权，其期望收益与仅存在正规金融部门时的期望收益相同：

$$Y'_F = gp[\gamma_H R_F C + (1-\gamma_H)(-C)] + bp[\gamma_L R_F C + (1-\gamma_L)(-C)] \quad (7-3)$$

对于正规金融部门未能满足的贷款项目，其中存在优势项目 $g(1-p)$ 个和劣势项目 $b(1-p)$ 个，均可通过非正规金融部门获取贷款，贷款利率为 R_I，此时非正规金融部门的期望收益可表示为：

$$Y'_I = g(1-p)[\gamma_H R_I C + (1-\gamma_H)(-C)] + b(1-p)$$
$$[\gamma_L R_I C + (1-\gamma_L)(-C)] - (g+b)(1-p)C\phi \qquad (7-4)$$

其中，$(g+b)(1-p)C\phi$ 表示非正规金融部门放贷的机会成本。

在此情形下，农户均能得到正规金融与非正规金融部门的支持，农户的期望收益可表示为：

$$Y'_m = gp\gamma_H[Y_H - C(1+R_F)] + bp\gamma_L[Y_L - C(1+R_F)] +$$
$$g(1-p)\gamma_H[Y_H - C(1+R_I)] + b(1-p)\gamma_L[Y_L - C(1+R_I)]$$
$$= Y_m + g(1-p)\gamma_H[Y_H - C(1+R_I)] + b(1-p)\gamma_L[Y_L - C(1+R_I)] \quad (7-5)$$

因此，在正规金融与非正规金融部门共存但无合作的情形下，农户的期望收益大于仅存在正规金融部门时的期望收益。但是，农村信贷市场的资金配置是缺乏效率的，因为在此情形下，部分优势项目的贷款利率反而高于劣势项目的贷款利率。

7.2.3 当农村信贷市场上正规金融与非正规金融两部门共存且合作时

当农村信贷市场上正规金融与非正规金融两部门共存且合作时，非正规金融凭借其信息优势，向正规金融部门提供借款农户的信誉情况及贷款项目的风险状况，相应地，正规金融部门凭借其资金规模优势，能够向非正规金融提供利率 ϕ'（低于 ϕ）的贷款数量（D）。

在此情形下，正规金融部门能够完全了解农户的信息及贷款项目的风险特征，其贷款只提供给 g 个优势项目，其期望收益可表示为：

$$Y_F = g[\gamma_H R_F C + (1-\gamma_H)(-C)] \qquad (7-6)$$

剩余项目则为劣势项目，非正规金融部门通过正规金融部门提供的贷款 D 将其贷款给剩余的 b 个劣势项目，此时贷款的机会成本为 ϕ'，非正规金融的期望收益表示为：

$$Y''_I = b[\gamma_L R_I C + (1-\gamma_L)(-C)] - D\phi' - (bC-D)\phi \qquad (7-7)$$

农户的期望收益为：

$$Y''_m = g\gamma_H[Y_H - C(1+R_F)] + b\gamma_L[Y_L - C(1+R_F)] \qquad (7-8)$$

从以上分析可以得出结论：当正规金融与非正规金融两部门共存且实现合作时，两者的期望收益均得到提高，农户的期望收益也达到最大。因此，可考虑将正规金融与非正规金融两者相联结，实现两者的优势互补，资源合理配置，达到多方共赢局面。

7.3 金融联结的理论机理

7.3.1 金融联结的模式

国外众多学者从不同角度对金融联结模式进行了划分，如表 7-1 所示。

表 7-1 金融联结模式划分

标准	类型	描述
联结主体地位（Pagura，2006）	直接联结	正规金融部门直接向非正规金融部门提供贷款
	协助（便利）联结	非正规金融部门作为正规金融部门的代理人，以正规金融名义行事
联结方向（Bell，1990；Kochar，1992）	水平联结	在信贷市场上，正规金融与非正规金融在提供信贷上展开直接的竞争。借款者首先选择向正规金融机构申请贷款，未得到满足部门则向非正规金融求助
	垂直联结	正规金融部门将资金放贷给非正规金融部门，再由非正规金融部门转贷给农户
联结对象（Ghate，1992）	与专职放贷者的联结	正规金融机构将信贷资金低价提供给专职放贷者，且不介入其经营活动
	与捆绑信贷的联结	指商品交易与信贷间的联结，正规金融机构将贷款发放给非正规金融部门，再由非正规金融放贷者将信贷资金发放给生产农户
	与小组金融的联结	正规金融机构首先向小组金融组织提供贷款，然后由它们向小组成员提供贷款

在正规金融与非正规金融的联结模式中，国际上比较公认的主要有水平联结模式和垂直联结模式（左臣明和马九杰，2005）。

7.3.1.1 水平联结

正规金融与非正规金融之间的水平联结,是指借款者可在正规金融与非正规金融部门之间自由借贷,因此两者在提供贷款上展开直接的竞争。当然,水平联结模式需在非正规金融得到政府认可并确定其合法性的前提下开展。该联结模式有利于弥补正规金融信贷市场上资金不足问题,且有助于正规金融在面对非正规金融竞争压力的情形下提升金融创新的动力。

7.3.1.2 垂直联结

垂直联结是指正规金融部门将贷款资金放贷给非正规金融部门,再由其转贷给借款者。通过以下三种方式实现两者的垂直联结:

一是正规金融机构给专职放贷者发放低价信贷资金。可降低正规金融机构直接面对借款农户的信息不对称风险,同时也可扩大专职放贷者的资金规模,从而有助于提升贫困农户的信贷可获性。

二是正规金融机构与捆绑信贷的联结。捆绑信贷也称互联性交易,是指商品交易与信贷间的联结,正规金融机构对非正规金融部门发放贷款,再由非正规金融将其贷款资金发放给农户,该模式普遍存在于发展中国家。通过这种互联性交易有助于扩大借款者的贷款数量,并有利于降低交易成本。例如在菲律宾地区,稻米的销售商往往是非正规放贷者,这些非正规放贷者通过正规金融机构获得信贷资金,然后将其放贷给稻米生产者,稻米生产者在稻米成熟时将稻米销售给销售商。

三是正规金融机构与小组金融的联结。小组金融包括各种互助组织、小额信贷、合会等。该模式的优势在于各小组金融的内部成员可起到相互监督的作用,从而有助于正规金融机构减少其信息收集成本,且增加农户的信贷可获性。

综上分析,水平联结有助于扩大农村金融市场的资金供给,但对于非正规金融部门无法对其监管,存在一定的风险隐患。垂直联结有利于促进两部门之间的优势互补,实现农村金融市场各参与主体的共赢,是当前国内外较为推崇的联结模式,并且垂直联结由于更多地体现联结的优势而成为金融联结的代名词。

7.3.2 金融联结的理论功能

正规金融机构通过向非正规金融组织提供低价的信贷资金,即能够降低正规金融机构直接面对借款者的信息不对称风险，能扩大非正规金融组织的信贷规模，增加农户的信贷可获得性；同时，非正规金融组织参与到信贷市场加大正规金融的市场竞争力，从而能够达到降低正规金融市场贷款利率的目的，进而改善中低收入农户的融资难问题(Ghate，1992)。通过金融联结，无论是高收入农户或是中低收入农户均能够获得正规金融机构的贷款，可见，金融联结可以改善农户融资难问题，并有助于金融机构实现可持续发展(Varghese，2004)。

然而，由于市场结构的不同，联结的效果也不同。当市场结构处于不完全竞争状况时(Hoff & Stiglitz，1997)，金融联结并不能改善借款者的融资处境或增加信贷市场的资金供给。因为在市场结构处于不完全竞争状况时，非正规放贷者之间可能存在合谋关系，正规金融机构扩大对其提供的信贷规模，可能会加剧非正规放贷者间的合谋关系，导致借款者融资问题的进一步恶化(Bose，1998)。

7.3.3 金融联结对参与主体的影响

7.3.3.1 金融联结对正规金融的影响

第一，通过金融联结，正规金融机构可大大降低其筛选、监督等方面的交易成本。同时，正规金融机构通过金融联结，可达到充分利用非正规金融的信息优势目的，从而改善其直接面临借款者的信息不对称风险，使其节约较多的筛选、监督借款者等各方面的交易成本。据印度有关小组金融的调研发现，经过两部门的金融联结，使正规金融机构每笔贷款的交易成本下降了 1.49 美元。

第二，通过金融联结，正规金融机构可扩大其业务范围。正规金融机构拥有严格的风险管控机制，对借款者的要求较高，其贷款对象一般发放给高收入且收入稳定的人员，且贷款需要提供合适的抵押或担保；而非正规金融更倾向于向低收入人员提供小额、零星的贷款。因此，两者在贷款业务方面存在较大差异，正规金融机构可通过两部门间的联结，充分利用非正规金融的信息优势，从而扩大其业务范围。Varghese(2004)证实了该观点，其研究表明正规金融机构通过金融联结后扩大了其业务范围，由联结前仅向高收入投放贷款扩展到向信誉较好的中低收入群体投放贷款。

第三，通过金融联结，正规金融机构可降低正规金融机构贷款业务风险。正规金融机构对专职放贷者发放低价的信贷资金，能够降低正规金融机构直接面向借款者的信息不对称风险(Jain,1999)。Besley 和 Coate(1991)、Ghatak 和 Guinnane(1999)发现正规金融与非正规金融的联结能够有效解决逆向选择及道德风险问题。沈高明(2005)认为通过金融联结可分散贷款风险。

7.3.3.2 金融联结对非正规金融的影响

一方面,非正规金融部门可以通过金融联结获取更多的资金,实现资金规模效应,并扩大其业务范围。钱水土和刘佳(2008)在马里 BNDA 银行的介绍中体现了非正规金融与正规金融的联结加大了非正规金融部门的资金流动性,并扩大了其贷款业务范围。另一方面,非正规金融部门可通过金融联结获得正规金融机构的经营管理及技术等方面的支持,可进一步提升自身的经营管理能力,以及风险调控能力。

不过仍然存在部分学者持反对观点,他们并不赞同金融联结对非正规金融的正面效应。Hoff 和 Stiglitz(1997)认为在竞争加剧的情形下,非正规金融部门借款者的违约率也会相应增加,导致贷款交易成本增加。

7.3.3.3 金融联结对借款农户的影响

(1)金融联结增加了借款农户的信贷可获得性。农村正规金融与非正规金融部门的联结可以增加农村的资金供给,满足农户的贷款需求(Diagne,1999)。左臣明和马九杰(2005)通过调研考察证实了这一判断,调查发现吉林梨树县农村信用社与农村互助合作社的联结合作,充分发挥了两者的优势,有效增加了农村的金融供给,农户融资处境得到极大改善。

(2)金融联结可降低借款农户的交易成本。McGuire 和 Conroy(1997)的研究发现金融联结可降低借款者的交易成本,其中每笔借款减少了 3.7 美元。Puhazhendi 和 Badatya(2002)进一步发现联结后使得借款者支付利息下降了 50%。李伟毅和胡士华(2004)的研究表明,正规金融机构通过金融联结向非正规金融部门提供低利率的信贷资金,会有更多的农村非正规金融组织产生,从而加剧非正规金融市场的竞争力,导致利率下降,有利于借款者获取低成本的贷款。

(3)金融联结可促进农村经济发展及提升农村妇女社会地位。Anushree Sinha(2008)的研究发现农村金融联结在增加农村资本供给、改善金融抑制及提升农村妇女社会地位等方面发挥积极作用。

7.4 正规金融与非正规金融联结的效率分析：一个理论模型

1989 年，世界银行的年度报告提出要促进正规金融与非正规金融的联结，规范非正规金融业务，使其与正规金融形成优势互补格局，改善资金在两部门间的安排，扩展金融服务范围。可见，一个合理的农村金融体系应该存在正规金融与非正规金融间垂直合作，从而构成信贷分层结构，即非正规金融部门通过正规金融部门获得贷款，再由其将贷款发放给借款农户。事实上，农村正规金融与非正规金融部门两者之间垂直合作的农村金融模式与我国传统社会历史实践一致。19 世纪以来，我国的传统农村金融体系以及现今现代的农村金融体系，也都存在两部门间的互动合作，最终为了满足农村资金问题而走向垂直联结的道路。那么，我们的问题是：相较于水平联结，是否垂直联结下的市场效率最优？为了回答这个问题，本书将借助和扩展彭文平(2009)的模型，从理论上分析水平联结与垂直联结两类模式的信贷市场效率，并从中推导一些结论。

7.4.1 模型设定

假设在市场中存在两类潜在的借款者，$j=1$ 为高质量的借款者，比例分别为 λ，$j=2$ 为低质量借款者，比例 $(1-\lambda)$。每个借款者都有一个投资项目，投资额为 1 单位。项目成功时收益率为 R。$j=1$ 类借款者项目成功的概率为 π_1，$j=2$ 类借款者项目成功的概率为 π_2，两类借款者失败时的收益均为 0，$0 \leq \pi_2 < \pi_1 \leq 1$。

潜在借款者的贷款需求是贷款利率函数 $I_{1,2} = I_{1,2}(i)$。由于两类借款者不能提供抵押担保品等，都只能获取信用贷款。借款者的利润函数为：

$$\prod\nolimits_{1,2} = \max[0, \pi_{1,2}(R-i)I_{1,2}(i)] \tag{7-9}$$

其中，i 为贷款利率。当满足 $\pi_{1,2}(R-i)I_{1,2}(i) \geq 0$，即 $R \geq i$ 时，借款者才具有贷款行为。借款者的贷款需求函数为：

$$I(i) = 1 - b(i - i^*) \qquad (7-10)$$

其中，i^* 代表为贷款利率下限，$i \geq i^*$；$1 < b < 1$。设 $i^* \leq R \leq \bar{i} = i^* + \frac{1}{b}$，则当贷款利率为 i^* 时，$I = 1$，表示在较低的利率下借款者所有贷款需求都会得到满足。① 当 $i = \bar{i}$ 时，贷款量为 0，因为此时收益率小于贷款利率。

同样，假设存在两类贷款者，一类是正规金融贷款者，设为 B，另一类是非正规金融贷款者，设为 M。正规金融部门贷款者能够了解到潜在借款者整体的贷款偿还率，但由于市场信息不对称，并不能了解每个借款者的贷款偿还率。因此以满足利润最大化需求，正规金融机构选择贷款利率 i_B，对此，利润函数为：

$$\prod_B = \theta(1 + i_B)i(i) - (1 + r)I(i) \quad s.t. \quad i_B \geq r, \ 0 \leq n \leq L \qquad (7-11)$$

其中，θ 代表预期贷款偿还概率。非正规信贷市场则不存在信息不对称问题，非正规贷款者同样追求利润最大化，他们能够准确地知道每个潜在借款者的贷款偿还率，其利润函数为：

$$\prod_M = \sum_{i=1}^{2} [\pi_i(1 + i_M)I_i(i_M) - (1 + r_M)I_i(i_M)] \qquad (7-12)$$

其中，r_M 为非正规金融的资金成本和贷款利率，分别用 r_M 和 i_M 表示。由于正规金融具有资金规模优势，其筹集资金成本要比非正规金融部门低，即 $r_M \geq r$，$i_M \geq i_B$。

作为对比的基准，我们有必要分析对称信息下的信贷市场效率，即信息市场的帕累托最优状态。

在对称信息下，正规金融机构利润函数简化为：

$$\prod_B^P = \sum_{i=1}^{2} [\pi_i(1 + i_B)I_i(i_B) - (1 + r)I_i(i_B)] \qquad (7-13)$$

根据式(7-12)、式(7-13)，当 $\pi_{1,2} > \frac{1+r}{1+i_B}$、$\pi_{1,2} > \frac{1+r_M}{1+i_M}$ 时，正规金融和非正规金融部门的利润均大于 0，则可投放贷款。第一类高质量借款者的贷款偿还率 $\pi_1 > \max\left(\frac{1+r}{1+i_B}, \frac{1+r_M}{1+i_M}\right)$，而第二类低质量借款者的贷款偿还率为 $\pi_2 <$

---

① 这是因为，一般发展中国家对农村金融市场实行金融抑制，设定的贷款利率过低，导致在该利率水平上贷款需求无弹性。

$\min\left(\dfrac{1+r}{1+i_M}, \dfrac{1+r_M}{1+i_B}\right)$，因此，在完全信息情况下，第一类借款者可从正规金融部门与非正规金融部门处获取贷款，而第二类借款者既不能从正规金融部门处获取贷款，也不能从非正规金融部门处获取贷款。

假定在正规金融市场和非正规金融市场上均为存在竞争，长期均衡时利润均为 0，则令式(7 – 13)和式(7 – 12)均为 0，得到：

$$i_B = i^* = \dfrac{1+r}{\pi_1} - 1 \tag{7-14}$$

$$i_M = i^* = \dfrac{1+r_M}{\pi_1} - 1 \geqslant I^* \tag{7-15}$$

即在信息对称条件下，正规金融机构以最低利率 i^* 发放贷款给第一类借款者，而非正规金融部门在信息对称条件下不存在。此时，仅有第一类借款者向正规金融机构申请贷款，且其贷款额全部来自正规金融机构，其利润为：

$$\prod\nolimits_1^P = \pi_i(R - i^*) \geqslant 0 \tag{7-16}$$

据以上分析得出，在信息对称的条件下，信贷市场中仅存在正规金融机构。正规金融机构仅向第一类借款者提供贷款，且第一类借款者的贷款需求全部由正规金融机构提供，其贷款利率为正规金融机构利润为 0 时的最低利率，此时第一类借款者获得非负利润。该情况下的信贷资源配置符合福利经济学第一定理，即信贷资源配置是帕累托有效的。

7.4.2 水平联结及其效率

对于正规金融机构而言，由于信息不对称，其不能区分两类借款者。任意一个借款者偿还贷款的平均概率为：

$$\theta = \lambda \pi_1 + (1 - \lambda)\pi_2 \tag{7-17}$$

因 $0 \leqslant \pi_2 < \pi_1 \leqslant 1$，$0 \leqslant \lambda \leqslant 1$，则 $\theta \leqslant \pi_1$，表明正规金融机构在信息不对称情况下面临借款者的总体质量会低于第一类借款者。因此，正规金融机构在信息不对称情况下不能准确识别借款者类型，可能会带来风险隐患，进而影响到正规金融机构的放贷情况及其放贷利率。

命题 7 – 1 在不对称信息情况下，正规金融机构的放贷利率根据潜在借款者的总体质量水平设定，与借款者的质量水平呈负相关关系。当借款者质量水平较低时,正规金融机构不能满足其所有项目的贷款需求,当低至一定水平时,正规金融机构不再存在。

证明:

正规金融机构的贷款利率为 i_B,其追求利润最大化,对应的利润函数为:

$$\prod_B = \theta(1 + i_B)i(i) - (1 + r)I(i) \quad s.t. \quad i_B \geq r \quad (7-18)$$

将式(7-10)代入式(7-18),就 i_B 求导,得到利润最大化的一阶条件,整理得:

$$i_B = \frac{1+r}{2\theta} + \frac{i^*-1}{2} + \frac{1}{2b} > i^* \quad (7-19)$$

根据式(7-19),可判断出正规金融机构的贷款利率为 i_B,与借款者的偿还率 θ 呈负相关关系。如果正规金融机构的放贷成本为资金成本,即 $i_B = i^* = \frac{1+r}{\pi_1} - 1$,要求 $\theta = \frac{\pi_1 b(1+r)}{br+b-\pi_1} > \pi_1$。然而根据式(7-17),$\theta \leq \pi_1$,因此正规金融机构必须以高于最低利率的利率向农户贷款,即 $i_B > i^*$。当 $\theta > \frac{\pi_1 b(1+r)}{\pi_1 + b(1+r)}$ 时,$i_B < \bar{i}$,借款者能够通过正规金融机构满足其部分贷款需求。当 $\theta < \frac{\pi_1 b(1+r)}{\pi_1 + b(1+r)}$ 时,$i_B \geq \bar{i}$,借款者不再向正规金融机构申请贷款。

命题 7-2 在不对称信息情况下,正规金融市场不是帕累托有效的。

证明:

借款者从正规金融部门处获取的贷款量由式(7-19)代入式(7-10)可得:

$$I_B = \frac{1}{2}\left(1 - \frac{b(1+r)}{\theta} + bi^* + b\right) < 1 \quad (7-20)$$

当 $\theta > \frac{\pi_1 b(1+r)}{\pi_1 + b(1+r)}$ 时,$0 < I_B < 1$;当 $\theta < \frac{\pi_1 b(1+r)}{\pi_1 + b(1+r)}$ 时,$I_B = 0$。

两类借款者均向正规金融机构申请项目贷款,由 I_B 代入式(7-9)所得:

$$0 \leq \prod_{1B} = \pi_1(R - i_B)I_B < \prod_1^P, \prod_{2B} = \pi_2(R - i_B)I_B \geq 0 \quad (7-21)$$

相比于对称信息情况下,在不对称信息下由于贷款需求在正规金融机构处最多只能得到部分满足,第一类借款者的利润有所下降。在信息对称情况下,第二类借款者不能获得正规金融机构的贷款,其在信息不对称情况下能够获得部分贷款,其利润得以提高。可见,在不对称信息情况下,正规金融市场不是帕累托有效的。命题7-2得到证明。

第一类借款者和第二类借款者的所有项目贷款需求均不能在正规金融机构处获得完全满足,由此我们考虑的是其不能满足的剩余贷款需求是否可通过非正规金融获取呢?

非正规金融市场的信息是对称的,则在信息对称情况下,令式(7-12)≥0,则当 $\pi_{1,2} \geq \frac{1+r_M}{1+i_M}$ 时,非正规金融部门由于其得到的利润为非负,则会选择提供贷款。

由于第一类借款者的贷款偿还率为 $\pi_1 > \frac{1+r_M}{1+i_M}$,而第二类借款者的贷款偿还率为 $\pi_2 < \frac{1+r}{1+i_M}$。因此,只有第一类借款者能够获得非正规金融部门的贷款,而第二类借款者不能获得。

在非正规金融市场,信息完全对称,且为完全竞争市场,则非正规金融市场利润为0。令式(7-12)为0,得到:

$$i_M = \frac{1+r_M}{\pi_1} - 1 \geq i^* \tag{7-22}$$

因此,第一类借款者也只能从非正规金融部门处获得部分贷款。两部门间就可能形成平行联结模式,体现出正规金融与非正规金融两部门间在资金提供上展开直接竞争关系。

命题7-3 当非正规金融部门的资金成本足够低,且潜在借款者质量足够高时,信贷市场表现为两部门间的平行联结模式。

证明:

平行联结形式表现为两种情况:第一种情况是,当潜在借款者总体质量足够高,即 $\theta \geq \frac{\pi_1 b(1+r)}{b+2br_M-br-\pi_1}$ 时,则 $i_B < i_M < \bar{i}$。此时借款者均从正规金融机构处申请贷款,第一类借款者在正规金融机构处未得到满足的贷款需求则从非正规金融处寻求满足。第二种情况是,如果潜在借款者质量中等,即 $\frac{\pi_1 b(1+r)}{\pi_1 + b(1+r)} \leq \theta \leq$

$\frac{\pi_1 b(1+r)}{b+2br_M-br-\pi_1}$，则 $i_M \leq i_B \leq \bar{i}$。此时借款者均从非正规金融部门处申请贷款，第一类借款者在非正规金融部门处未得到满足的贷款需求则通过正规金融获得满足。

所以，根据两类金融机构资金成本和潜在借款者的整体质量，那么在平行联结模式下信贷市场的资源配置效率如何？

如果 $r_M < \frac{\pi_1}{b} + r$，且 $\theta \geq \frac{\pi_1 b(1+r)}{b+2br_M-br-\pi_1}$，则 $i_B < i_M < \bar{i}$，此时，所有潜在借款者首先从正规金融机构处获得贷款，根据式（7-22），贷款数量为 $I_B = \frac{1}{2}[1-b(1+r)(\frac{1}{\theta}-\frac{1}{\pi_1})] < 1$。将 I_B 代入式（7-9）得到第一类借款者和第二类借款者因为从正规金融机构获得贷款而带来的项目利润为 $0 \leq \prod_{1B} = \pi_1(R-i_B)I_B < \prod_1^p$ 和 $\prod_{2B} = \pi_2(R-i_B)I_B \leq \pi_2^p$。其次，第一类借款者再向非正规金融部门贷款，其贷款额为 $I_M = 1-b(i_M-i^*) = 1+\frac{b(r-r_M)}{\pi_1}$。将 I_B、I_M 代入式（7-9）得第一类借款者的利润为 $(\prod_B^1, \prod_M^1) \leq \prod_B^1 + \prod_M^1 = \pi_1(R-i_B)I_B + \pi_1(R-i_M)I_M < \prod_1^p$。所以，此时，与对称情况下的利润相比，第一类高质量借款者的利润有所下降。正规金融部门与非正规金融部门的利润均为0。此时，市场资源配置未达到帕累托最优状态。如果 $r_M \leq \frac{\pi_1}{b} + r$，且 $\frac{\pi_1 b(1+r)}{\pi_1+b(1+r)} \leq \theta \leq \frac{\pi_1 b(1+r)}{b+2br_M-br-\pi_1}$ 时，则 $i_M \leq i_B \leq \bar{i}$。在这种情况下，第一类借款者会优先选择向非正规金融处获取贷款，未满足部门则求助于正规金融部门，第二类借款者则向正规金融部门获取贷款需求。同理可得，该情况下市场资源配置效率未达到帕累托最优。

7.4.3 垂直联结及其效率

所谓垂直联结，是指正规金融首先将贷款发放给非正规金融放贷者，再由其将资金转贷给具体的借款者。我们假设正规金融与非正规金融部门间的信息是完全对称的。

由于非正规金融贷款者能够识别不同借款者的类型，因而会选择只贷款给第一类高质量的借款者，则其预期利润为：

$$\prod\nolimits_M = [\pi_i(1+i_M) - (1+r_M)][1 - b(i_M - i^*)] \quad (7-23)$$

其中，非正规金融的贷款资金成本由 r_M 表示，即非正规金融通过正规金融机构获得贷款的利率水平。

由于非正规金融贷款者的贷款对象往往具有零星小额特点，则能够起到分散风险作用，则可假设非正规金融对正规金融的贷款偿还率为1，由此，正规金融对非正规金融贷款利润为：

$$\prod\nolimits_B^M = (r_M - r)[1 - b(i_M - i^*)] \quad (7-24)$$

命题7-4 当完全竞争市场中，正规金融与非正规金融两部门间形成垂直合作模式时，信贷市场资金配置效率是帕累托有效的。

证明：

在完全竞争市场中，式(7-24)为0，得到 $r_M = r$。

同时，式(7-23)为0，得到 $r_M = \frac{1+r}{\pi_1} - 1 = i^*$，代入式(7-10)得第一类借款者的贷款需求都从非正规金融部门处得到完全满足，其利润为：

$$\prod\nolimits_1^M = \pi_1(R_1 - i^*) = \prod\nolimits_1^P \quad (7-25)$$

此时，两部门的利润及借款者的利润与对称信息情况下的利润相一致，且仅有第一类借款者能够获得贷款，其利润也与信息对称情况下利润一致，可见信贷市场是帕累托有效的。

如果非正规金融市场是非竞争性的，则非正规金融部门基于利润最大化考虑会设定一个合适的贷款利率 i_M。就式(7-23)对 i_M 的利润最大化一阶条件为：

$$i_M = -\frac{1}{2} + \frac{1}{2b} + \frac{i^*}{2} + \frac{1}{2\pi_1} + \frac{r}{2\pi_1} \quad (7-26)$$

命题7-5 在垂直联结模式中，若非正规金融市场是非竞争性的，第一类高质量借款者无法获得全部项目的贷款需求。在此情况下，利润会进行再分配，非正规金融由于其垄断而能获得大于0的利润，而借款者的利润相较于信息对称情况下的利润会降低。

证明：根据 $i^* < i_M < \bar{i}$ 可知，第一类高质量借款者项目的贷款需求仅能够通

过非正规金融部门得到部分满足,即 $I_1^M = 1 - b(i_M - i^*) = \frac{1}{2}$,将其代入式(7 - 23)得到非正规金融部门的利润为 $\prod_M = \frac{1}{2}[\pi_i(1 + i_M) - (1 + r)] = \frac{\pi_1}{2b} > 0$。第一类借款者的利润为 $\prod_1^M = \frac{1}{2}\pi_i(R_1 - i_M) < \prod_1^P$。

由于 $i_M > i^*$,垄断情况下非正规金融部门贷款利率要求过高,则非正规金融部门得到大于 0 的垄断利润,而第一类借款者的贷款额小于其所需的全部贷款额,其总利润低于 $\prod_1^P$。

上述分析表明,由于正规金融市场上存在信息不对称,正规金融机构在满足农村农户贷款需求方面的作用是有限的,因为正规金融机构仅在完全确信借款农户信誉高且贷款项目风险小时,才会对其发放贷款,否则将不对其发放贷款。同时,正规金融市场也是低效的,因其不能满足高质量借款者所有项目的贷款需求,而低质量的借款者却能够获得其部分贷款。非正规金融部门的进入则能够改善信贷市场资金配置效率,使得总体质量水平不高的潜在借款者中的高质量借款者获得其贷款满足,而拒绝对低质量借款者进行放贷。但是,降低资金成本是非正规金融部门进入信贷市场的前提条件。可见,正规金融与非正规金融部门间的垂直联结模式能够提高信贷市场效率,一方面正规金融可利用非正规金融的信息优势,另一方面非正规金融可从正规金融处获取低成本的资金。

7.5 农村正规金融与非正规金融联结模式的实践及效应分析

7.5.1 农村正规金融与非正规金融联结模式的实践及效应

据前文分析可知,农村正规金融与非正规金融部门各自存在优、劣势,只有将两者有效联结起来,形成优势互补格局,才能有效解决正规金融市场上信息不对称以及非正规金融市场上资金不足的双重问题,从而有利于扩展农村金融服务范围。

其实,早在20世纪初,国外就有学者向政府当局提出在构建农村金融体系时要注重乡村中介的内部优势,鼓励其与正规金融机构形成合作关系。其中,泰国、菲律宾等亚洲国家形成的垂直联结模式的实践经验值得借鉴。例如,在菲律宾稻米种植区所形成的垂直联结模式,稻米的销售商往往是非正规放贷者,这些非正规放贷者通过正规金融机构获得信贷资金,然后将其放贷给稻米生产者,稻米生产者在稻米成熟时将稻米销售给销售商,同时还贷(Floro 和 Ray,1997),如图 7-1 所示。

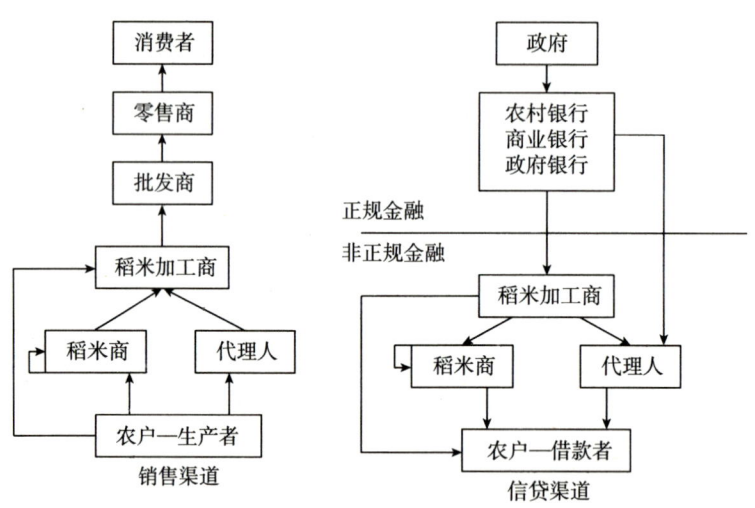

图 7-1　菲律宾稻米种植地区的稻米销售与融资渠道

1986 年,亚洲太平洋地区信贷协会(APRACA)正式采纳垂直联结的建议,其付诸实践后立即产生了良好的发展势头,其有"世界农村金融市场实验室"的美誉。泰国等实施了 PKBK 工程,而后拉美和非洲相继采用了该模式(杜晓山,2001)。金融联结最成功的典范当属印度,1992 年印度开始实施"自助小组—银行联结项目"的金融联结战略,在此之后,印度的金融联结则开始呈现迅猛发展势头。

截至 2008 年 3 月 31 日,"自助小组—银行联结项目"已满足近 350 万个自助小组高达 2227 亿卢比的贷款需求（米运生等,2011）,贷款覆盖面由 46.5% 提高到 93%；平均每个获得贷款的家庭贷款量年均增长达 20% 以上；通过自助小组,贷款成员所有贷款需求得到全部满足的成员占 81.7% 比例；自助小组所需支付的利息成本从 81% 降至 31%（Puhazhendi 和 Badatya,2002）。Puhazhendhi（1995）发现,两部门间的垂直联结模式还有助于降低交易成本,正规金融机构交易成本由联结前每笔（100 美元）3.68 美元降至每笔 2.19 美元。McGuire 和 Conroy（1997）进一步发现,借款者交易成本缩减得更加可观,交易成本由联结前的 9.40 美元下降至 5.70 美元。同时,垂直联结模式还能够解决农村金融可持续性发展的问题,改善农村妇女社会地位等（Anushree Sinha,2008）。可见,垂直联结的绩效斐然,改善了农户的贷款条件,扩大了农村金融覆盖面,并提高了农村地区贷款的广度和深度。

同时,不同联结模式效率分析得出垂直联结模式,一方面,可充分利用非正规金融部门的信息优势；另一方面,又能利用正规金融的资金优势,能够提高信贷市场效率。Ghate（1992）提出了正规金融与非正规金融两者的合作在于垂直联结,垂直联结是金融联结的代名词,因此本书将着重讨论垂直联结模式下的合作方式。

在我国,正规金融与非正规金融联结的雏形最初起源于吉林梨树的"股权信贷模式",该模式实质上是一种"信用社+合作社+农户"的联结模式,农户间自愿构建合作社,并以合作社成员入股农村信用社,从而以小组联保名义获取农村信用社的贷款。合作社充当小组金融的作用,小组内成员间相互具有连带责任,发挥杠杆效应,获得多倍的资金供给。形成了农户、合作社和信用社三者的良性互动,后来为了减少养殖农户的风险,强化双方合作的基础,吉林安华农业保险公司又加入了"信用社+合作社+农户"的信贷机制,目前已经形成农户、合作社、信用社和保险公司多方共赢的四位一体模式。

另外,在 2006 年 12 月银监会放宽农村地区金融机构准入门槛以后,我国正规金融与小额信贷组织的联结构成了"批发+零售"模式,即部分大型商业银行将资金批发给有能力掌握小额贷款技术、对借款者信息完全了解的小额信贷组织,再由小额信贷组织向农户或小企业主发放贷款,从而构建一种"大型商业银行+小额信贷组织+农户"的三位一体联结模式。该联结模式虽然在我国目前刚开始(见表7-2),如果试点效果比较理想的话,将会促进我国正规金融机构与非正规金融部门的合作。

表7-2 国内银行与小额信贷组织合作的案例

时间	合作协议签订银行	合作小额贷款组织	合作内容
2008年12月	交通银行银川分行	宁夏8家小额贷款公司	提供批发贷款7000万元
2009年10月	中国农业银行	中国扶贫基金会	提供批发贷款2亿元
2009年以来	中国农业银行省级分行	浙江、山东等省金融办	为小额贷款公司提供全方位金融服务与支持
2009年以来	中国农业银行	骆丰农民专业合作社	一次性为52个订单农户办理了惠农卡,发放小额农贷78万元
2009年以来	中国农业银行	供销社农资连锁店	为连锁店安装POS机50台,转账电话50部,开通了惠农卡购物、直补支付等功能,为群众提供购物方便和各项惠农直补资金
2010年1月	中国农业银行	河北易县扶贫社、河南南召扶贫合作社、贵州兴仁县农村发展协会、青海同仁县乡村发展协会	提供一定额度批发贷款
2010年11月	国家开发银行江苏分行	江苏54家农村小额信贷公司	开展战略合作、提供授信和贷款

资料来源:根据网上相关资料整理。

受吉林梨树的"信用社+合作社+农户"的信贷机制启发,目前国内许多试点的农村资金互助社或农民专业合作社,开始探索正规金融与非正规金融联结的新模式,如村级产业发展互助基金转型为村级产业发展互助担保基金、农村信用社与非政府组织的合作。

江西遂川金融部门探索实现的村级产业发展互助基金,是由农村社区农户与微型企业入股和政府的财政专项扶贫资金筹集起来的互助性资金,主要针对社区成员提供贷款，贷款门槛较低、手续简便，便于满足中低收入农户小额短期的融资需求，提高了农户的信贷可获性。但该模式下提供的资金有限，难以满足农户及小微型企业日益增长的资金需求，为了解决融资难问题，江西遂川金融部门探索将互助基金转变为互助担保基金，即"村级产业发展互助基金担保+农业信贷+政府贴息"模式，通过互助担保基金向正规金融机构进行担保贷款，从而获得多倍于互助担保基金的贷款。

1992年，云南禄劝县政府与香港乐施会联合成立项目执行办公室，于1999年在贫困偏远山区开展社区发展基金试验，社区发展基金通过农户联保的形式进行放贷，以可持续发展为宗旨，推动社区的自我管理能力并培养了社区成员的信用意识。但社区发展基金内部资金有限，难以满足农户日益增长的资金需求。因此，在2007年，项目执行办公室与农村信用社展开合作，项目办将社区发展基金存入农村信用社，信用社对该社区内成员发放贷款证，从而农户能够得到多于社区发展基金5倍的社区联保贷款，贫困社区的贷款覆盖面提高到90%以上，该联结模式有效地改善了贫困偏远山区的融资难问题。

通过江西遂川案例和云南禄劝案例可以得出评价农户信贷服务模式的关键要点：一是农户信贷的可获性是否能够提高；二是服务广度和服务深度能否增加或增强，即实现信贷机构发展的可持续性。

显而易见，在金融联结的实践中，各参与主体都实现了一定程度的帕累托改进。鉴于农村信贷市场上正规金融市场信息的不对称，而非正规金融部门依托其村落或生产合作社，与村落成员建立了相对稳定的关系，相互之间信息较通透、知根知底，无须抵押担保，而通过关系型信任即可获取贷款，该种通过重复博弈交易所形成的信任合作机制大大降低了双方的交易成本。在金融联结下，非正规金融也可通过获得正规金融机构的资金支持实现其规模效应，同时还能够得到正规金融机构的技术指导，使其风险控制与经营管理能力均能得到有效提升。正规金融与非正规金融两部门实现金融联结的重要因素还包括非正规金融部门具有的较高的监督效率以及较为灵活、低成本的运作特征。基于该原因，非正规金融部门对组织成员间的监管力在一定程度上也促成了其高于正规金融机构的监管效率。可见，农村地区的金融联结是合理且有效的，增加了农村资金的供给，扩展了农村金融服务的边界。

7.5.2 实践经验及其启示

通过理论探讨及实践经验表明，农村信贷市场上各参与主体通过金融联结均获得了一定程度的帕累托改进，因而金融联结已被证实是迄今为止最有效的农贷模式（Erhard 和 Suran, 2002）。其成功之处在于解决了中低收入农户贷款难以及农村信贷机构可持续发展的双重困境。这种双重困境在我国表现尤为突出，导致农村正规金融机构对中低收入农户的信贷配给，因此对于我国来说金融联结具有极为重要的价值。在实践中，为应对传统农贷存在的缺陷，我国也广泛出现了大量的金融联结形式，部分农民专业合作社（左臣明和马九杰，2005）、农业龙头企业、行业协会（韩俊，2009）等通过提供担保形式从正规金融机构获得贷款，从而提高了农户的信贷可获性。可见，金融联结已成为解决农村农户融资难和农村金融机构可持续发展问题的有效手段。为此，我国应基于各国成功实践经验，通过制度创新推行金融联结。

一方面，构建正规金融与非正规金融两部门并存的农村金融体系。长期以来，我国非正规金融一直处于政府限制打压格局。在农村金融改革取得一定进展，以及非正规金融广泛盛行的现在，我们应充分考虑将非正规金融纳入到农村金融体系当中，学习并吸收内化于农村乡村社会中的非正规金融组织在实践中被证实行之有效的治理机制。对此，我国需大力引导并鼓励非正规金融合理发展（刘民权等，2003），构建农村正规金融与非正规金融部门垂直联结的农村金融体系（周立，2004）。

另一方面，改变正规金融机构所持有的传统观念。我国正规金融机构向来对农户形成一种特定的判断，认为其信用度低，特别是贫困农户会损害其利益，在他们看来，贫困农户更多的是需要政府的慈善救助而非贷款，对中低收入农户的贷款应是社会部门的事情。然而，国内外金融联结的实践证明，通过合理的微观结构设计，提供给农户的贷款也同样存在利润可言，其风险甚至可能低于商业性贷款，有利于扩展农村金融服务范围及金融机构的可持续性发展。正如印度的垂直联结模式，中国可借鉴印度所采取的金融战略来改变正规金融机构的传统观念，创新传统的农贷模式，构建正规金融与非正规金融部门的联结以实现金融普惠（吴成颂，2009）。

最后，对于金融联结应重视微观结构设计，考虑区域差异。国内外金融联结的实践经验表明，金融联结的发展在不同地区绩效差异明显。如在东南亚、南亚、智利等拉美国家金融联结取得了一定成效（Jain，2009），但在非洲地区金融联结成效较差（Machiko，2006）。同时，印度南部地区的金融联结相较于北部与中部的成效更佳（Pankaj，2009）。可见，金融联结的发展及绩效情况都离不开经济、金融发展等一系列条件。同时意味着，金融联结的成效取决于农村金融体系内激励机制、风险控制等运行机制的设计。所以，我国应重视微观结构设计并基于不同地区差异来实施有效的金融联结。

7.6 农村金融联结激励机制设计与制度安排

7.6.1 农村金融联结激励机制设计

从以上案例可以看出，创新农村金融体系，掌握的基本原则应该考虑两方面：一方面，该模式是否能够有效提高农户的信贷可获性；另一方面，该模式是否能够实现在农村地区的可持续发展，从而扩展农村金融服务的广度及深度。

同时，理论与实践经验表明，一个完善合理的农村金融体系应该存在正规金融与非正规金融两部门间垂直联结的信贷分层结构。正规金融与非正规金融两部门间的垂直联结模式，对于正规金融而言，与非正规金融的合作解决了其面向农户进行筛选、审查等交易成本过高的问题；对于非正规金融而言，与正规金融的合作可利用正规金融充裕的资金解决其受限的资金规模；对于农村借款者而言，金融联结扩大了农村资金供应量，扩展了农村金融服务范围，提高了农户的信贷可获性；对于各参与主体而言，均呈现为帕累托改进的状态。因此，正规金融与非正规金融的垂直联结达到了三方共赢的效果，如图 7 - 2 所示。

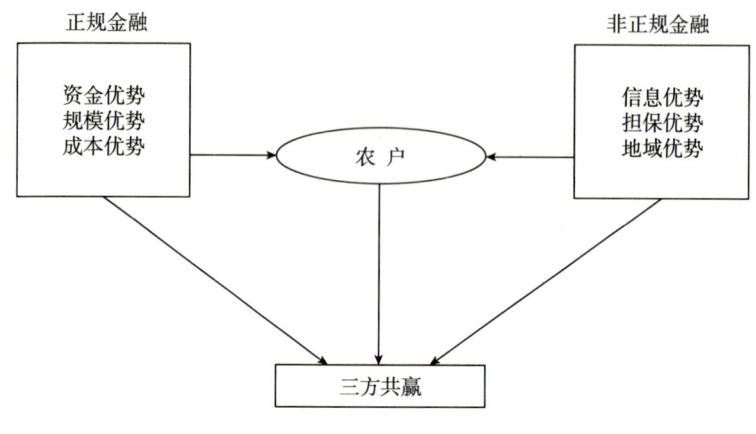

图 7-2 三方共赢图

在正规金融与非正规金融垂直联结模式中,非正规金融能够较容易获取借款者的风险偏好、信誉表现,其工作重点是筛选、监督借款者和贷款的回收,激励机制设计的原则是非正规金融要按照正规金融的利益行事,而正规金融要给予非正规金融足够的金融补偿。

7.6.1.1 选择农村金融联结的主体

在垂直联结模式中,非正规金融在信息、担保等方面的优势可降低正规金融机构面对农户与中小企业产生的交易成本,改善信息不对称程度,降低违约风险。为此,选择非正规金融需考虑以下四点:第一,非正规金融筛选、监督贷款者和执行合同的能力。要求其全面掌握借款者的信息,并能使用社会资本予以约束。第二,非正规金融覆盖的业务范围、人群、潜在借款者的数量。这些规模越大,越能降低正规金融的运营成本,当然范围变大,信息不对称增加,执行力会下降。第三,非正规金融的财力。正规金融往往会要求非正规金融提供抵押品,以防止违约风险。此外,由于风险共担,非正规金融需要具有承受一定损失的能力。第四,非正规金融需具备信誉度。利益驱使下非正规金融与借款者可能合谋骗贷,在正规金融的风险控制和监管制度不完善的情况下,非正规金融的信誉必须考虑。

7.6.1.2 确定贷款利率、规模和联结期限

贷款利率和贷款规模在实践中既可以由正规金融确定,也可以由非正规金融

来确定。由于非正规金融较正规金融而言,对借款者的信誉情况、偿还能力等更为了解,可根据借款者的风险情况和偿还能力等来确定贷款利率及规模。此外,贷款合约中应确定两者联结期限,使非正规金融拥有稳定的未来预期,并且应考虑尽可能长的期限,以避免非正规金融与农户间达成合谋。

7.6.1.3 对非正规金融的奖罚方案

在金融联结中,非正规金融作为正规金融的代理人,为其进行客户筛选、风险监控及贷款回收等,正规金融需向其提供一定手续费。为确保贷款偿还、激励代理人选择高质量的借款者,并且为避免代理人与借款者发生合谋,正规金融向其提供的手续费应基于贷款偿还情况给予奖励或处罚,即在贷款偿还的情况下给予奖励,否则将要受到处罚。

7.6.1.4 对非正规金融的风险控制方法

在农村金融垂直联结模式中,正规金融必须将非正规金融纳入其可控范围,才能够有效地监督其行为。具体方法可遵循图7-3所示的流程:第一步,正规金融向非正规金融授予贷款(是贷款权而不是直接的资金);第二步,非正规金融根据申请贷款农户的状况,分配相应的贷款权限给农户,并在贷款单上确定贷款额度、利率、期限等;第三步,农户到当地正规金融机构凭贷款单支取款项并备案;第四步,农户将贷款本息偿还给正规金融机构,再由正规金融机构对其开出现金收据;第五步,农户凭正规金融机构开出的现金收据到非正规金融部门核销其贷款权限;第六步,依据农户的贷款数量及还贷情况,正规金融与非正规金融核销贷款权限并进行利润的结算和支取。

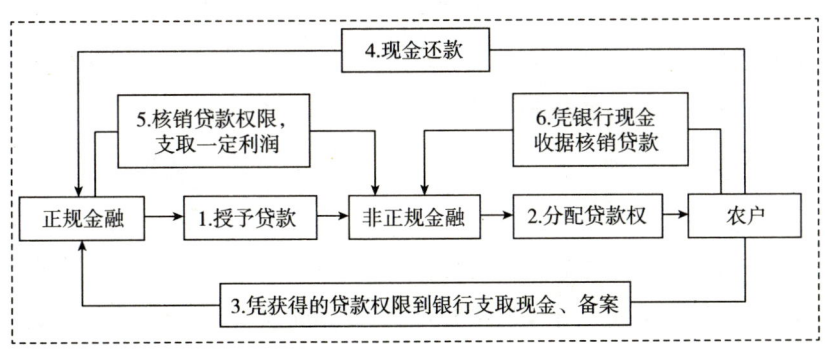

图7-3 农村正规金融与非正规金融联结流程

7.6.1.5 正规金融与非正规金融的利润分配方法

对于正规金融与非正规金融的利润分配问题，若正确处理好可以激发两者参与联结的积极性。一是对非正规金融的利润进行分期支付，且留存一定比例的利润作为风险准备金；二是非正规金融在向正规金融机构提供相应的抵押物后，正规金融机构才给予其相应的贷款权限；三是根据非正规金融发放贷款的还贷情况建立评级制度，评级级别将直接影响其贷款利率和贷款权限，对还贷情况好的非正规金融，贷款利率可以更低，贷款权限数量更大。

7.6.2 农村金融联结的制度安排

在我国，农村金融联结模式仅在少数地区试点，仍处于萌芽期。为了促进金融联结的实现，应积极推动政府部门以及监管部门的多方支持，大力推进农村金融联结的实现。

7.6.2.1 确定非正规金融的合法地位

我们应该将非正规金融逐步纳入法制轨道，将其纳入农村金融体系设计中，构建两部门之间垂直联结的农村金融体系。承认其法律地位，既是不同层次借贷主体对资金需求的必要，也是各国试图限制打压非正规金融未果的经验启示。给予非正规金融一个合法的活动平台，不仅可以在法律上确立其生存空间，而且可以通过特别法的形式赋予不同形式非正规金融专门的法律地位，让非正规金融浮出水面。这样既能够降低其在规避法律管制的过程中产生的成本，又能够减少其采用不正当手段进行交易所可能带来的危害。因此，法律制度应允许非正规金融按其信任半径大小的规律演变发展，当贷款延伸至信任半径较大的非正规金融形态时，可用法律手段进行管制和规范。当其规模发展至信任半径边界或突破该界线时，需对非正规金融加强进一步监管，此情形下，可准许正规金融的介入，从而实现非正规金融向正规化趋势的演化。因此，应对非正规金融的活动内容、范围、风险处置方式及审批流程等进行规范，而并非对高利贷等形式的非正规金融活动进行取缔，而是通过法律手段来整合使其规范运作。也就是说，可适当放松金融管制，使非正规金融浮出水面，并与正规金融在同一范围内竞争，从而为农村金融联结提供政策依据。

7.6.2.2 对不同的农村非正规金融要区别对待

从本书分析可知,亲朋好友之间的互助性借贷可以弥补正规金融机构借贷的不足,满足农户小额的特殊需求。该互助性借贷无须抵押担保、手续简便、时效性强、期限自由、交易成本低等优势满足了农村借款农户的实际需求。为此,在法律上应对亲朋好友之间的互助性借贷给予足够空间,对其形成的特殊契约给予足够的保护,鼓励其向规范化方向发展。同时,对于农村中小企业的集资活动,虽然存在一定风险,但也不可对其进行强行取缔,毕竟该融资方式是目前农村中小企业可供选择的切实有效的途径。政府的强行取缔势必会使民营经济陷入融资难困境,造成非国有经济发展的断层。因此,为减少风险,应做好事前的审核控制工作,引导社会资金进行理性投资。对于非正规金融中介组织进行的间接融资活动,虽然有效地解决了一部分资金需求,但其涉及范围广、金额巨大,一旦发生风险,会给社会经济带来极大损害。因此,对这部分非正规金融活动金融监管部门应重点予以监管,必须对其进行严格管制。

7.6.2.3 构建非正规金融制度体系

为了实现农村正规金融与非正规金融两部门垂直联结模式的实现,在既有正规金融体系下,应构建非正规金融制度体系,使其健康有序地发展。

一是建立合理的市场准入机制。市场准入机制的合理与否对经济发展具有重要影响,其确立应考虑两方面内容:其一是消除对非正规金融的歧视,使其成为信贷市场竞争的平行主体;其二是杜绝非法的非正规金融组织进入信贷市场。合理的市场准入机制可激励内生于农村乡土社会的非正规金融组织的产生,既可满足农村借款主体的资金需求,又能够加快农村金融市场化进程。

二是建立合理的市场退出机制。在非正规金融制度体系构建之初,不仅需要建立合理的市场准入机制,还需要设计好合理的退出机制。只有建立合理的市场退出机制,非正规金融组织才能更好地形成其内部成员的激励约束机制。同时,金融监管当局根据退出机制标准或规范,对于非法经营、风险大且危害性严重的非正规金融组织可进行关闭或重组。

三是确定合理的产权制度。明晰、合理、安全的产权制度对权利主体的有效保护是金融发展的关键(胡炳志,2003),有利于降低非正规金融市场的交易费用,并提高市场交易效率。合理的产权制度能够有效维护投资者的合法权益,使其能得到相应回报而不断改善经营管理,从而建立规范的内部控制机制、风险防范及抵御机制等;建立规范的业务操作体系,从而解决非正规金融的规范化问题。

四是建立市场化利率形成机制。稳步推行农村利率市场化,非正规金融发展需以市场规则进行运作,允许其利率在国家规定的基准范围内浮动,将有助于非正规金融灵活性的发挥,实现农村信贷市场资金的合理配置。

五是建立非正规金融存款保险制度。建立存款保险制度既可提高非正规金融部门的信用,又能提升借款者对非正规金融部门的信心。一旦发生风险,有利于保护经济主体的利益,从而维护我国农村金融市场的稳定及发展的可持续性。

7.6.2.4 建立与二元金融体系相配套的监管体制

目前我国的金融监管体制主要是针对正规金融机构,而考虑到农村正规金融与非正规金融两部分垂直联结的实现,应建立起与二元金融体系相配套的适宜非正规金融发展的监管体制。具体来说,在农村金融联结初期,可给予正规金融机构一定的权力,在金融联结的过程中,正规金融机构可监督非正规金融部门的运行,一旦发现非正规金融部门在经营过程中存在风险或违法经营,可立即中止与其合作,并上报给金融监管部门或相关法制部门,通报其行为并告知其他正规金融机构,以防止风险再次发生。各监管部门之间相互配合,进行追踪、预防和预警,并建立区分不同行为、对象的动态的监管体系。

7.6.2.5 建立正规金融与非正规金融共享的信用体系

信用环境和信用透明度是我国农村金融发展的关键因素。在金融联结时,非正规金融的信息优势能够弥补正规金融机构存在的不足,从而可以大大降低正规金融的信息收集成本,完善我国农村地区借款农户的信用档案。因此,应建立适合我国农村非正规金融的信用评估体系和机构,并根据非正规金融运行的合法性、融资成本、来源及信息掌握情况等来发掘合适的非正规金融部门进行培育,同时对农村二元金融结构市场特别是非正规金融部门的运行情况进行实时监测、追踪,以增强信息的透明度并提高与正规金融机构的信息共享率,从而达到降低监管难度,减少金融联结的交易成本和费用。

7.7 本章小结

本章首先从理论上分析了农村正规金融与非正规金融共存结构下各个主体的决策行为和期望收益,并通过构建模型分析了金融联结中两类联结模式(水平联结和垂直联结)的信贷市场效率。研究结果表明,非正规金融部门进入信贷市场能够改善信贷市场资金配置效率,使得总体质量水平不高的潜在借款者中的高质量借款者获得其贷款满足,而拒绝对低质量借款者进行放贷。可见,正规金融与非正规金融部门间的垂直联结模式能够提高信贷市场效率,一方面正规金融可利用非正规金融的信息优势,另一方面非正规金融可从正规金融处获取低成本的资金,即论证了金融联结模式中,相较于水平联结模式,垂直联结模式下的市场效率最优。

基于以上分析,进一步讨论了垂直联结模式的实践及效应。通过江西遂川案例和云南禄劝案例可以得出评价农户信贷服务模式的关键要点:其一是农户信贷的可获性是否能够提高;其二是服务广度和服务深度能否增加或增强,即实现信贷提供机构的可持续性。

可见,正规金融与非正规金融部门间的联结合作是合理且有效的,增加了农村资金的供给,扩展了农村金融服务的边界。为此,我国应基于其他国家的成功实践经验,通过制度创新推行金融联结:构建正规金融与非正规金融两部门并存的农村金融体系,改变正规金融机构所持有的传统观念,重视微观结构设计并基于不同地区差异来实施有效的金融联结。据此,从农村金融联结中联结主体的选择、贷款利率、贷款规模、联结期限、奖罚机制、风险控制机制及利润分配方案的确定方面设计了金融联结的激励机制,最后提出了确定非正规金融的合法地位、对不同的农村非正规金融区别对待、构建非正规金融制度体系、建立与二元金融体系相配套的监管体系以及构建正规金融与非正规金融共享的信用体系的政策建议。

第8章 结论及未来展望

8.1 结论

8.1.1 农村二元金融结构现象成因及存在的合理性

认识我国农户的性质、行为及其制度环境是探讨二元金融结构问题的逻辑起点。对此，在阐述农村二元金融结构问题成因之前，首先对"小农命题"与我国农户的特殊性进行了阐述，通过"小农命题"的分析我们认为，对于小农特性的理解，无论是"理性小农"，抑或是"道义小农"，它们的理解都不是矛盾的，而是在不同社会制度阶层农户具有不同特性的表现，农户既是为了满足自身消费维持生存的"道义小农"，又是追求利润最大化的"理性小农"，因此，在不同阶层不同类型农户均有所体现。在界定农村信贷市场的重要参与主体时，要根据农户的具体类型以及具体决策，来判断其解释依据是"理性小农"还是"道义小农"理论；我国农户的特殊性表现在农户对土地的依赖，是无法割舍和替代的精神寄托，以及小农家庭制度的广泛存在。可以说，不理解我国农村的家庭特征就不可能深刻理解我国农村的借贷制度。尽管在现阶段市场化经济冲击下，我国农村大量剩余劳动力流向城市务工，甚至大量农户的非农收入大于农业收入，但其小农经济本质并未改变，非农收入再多也只是补充，是"拐杖"。

在此基础上，本书从农户特殊性这一视角对农村二元金融结构形成的深层次原因进行了解析，分析表明：在农村发展初期，即传统的乡土社会中，尤其是在一个村庄信任所维系的关系共同体中，小农经济的路径依赖特征内生出农村非正规金融，但当农村经济发展及市场化改革后，最初的圈层结构势必会受到冲击，可能导致信任危机，在此情形下，农村非正规金融组织则会寻求进一步演化，其内部治理结构逐步正规化，契约形式也不断市场化，最终将发展成为正规金融机构。但即便在正规金融机构规模逐渐壮大时期，非正规金融组织仍将持续存在且在信贷市场中发挥较大作用。

最后，为了进一步证明农村二元金融结构的合理性，本章节结合理论分析并采用1202户农户的调研数据，通过偏差修正的 Match 模型估计了农村二元金融结构下农村正规金融和农村非正规金融分别对农户收入增长的贡献程度。通过理论推导和实证结果均可判断，农村二元金融结构的存在有助于提高农户的收入水平，从而间接证实了农村二元金融结构的存在和发展具有一定的合理性。

8.1.2 农村二元金融结构下农户的融资行为分析：基于借贷匹配视角

了解农村二元金融结构下农户的融资行为以此明确两者的借贷匹配因素，是理解农村金融发展，探究农村正规金融与农村非正规金融之间相互关系的前提。为了全面系统地了解农户在二元金融结构下的融资行为，本书根据实地调查结果，做出描述性统计分析和基于有序多分类 Logit 模型实证检验了不同类型借款者与不同类型贷款者借贷匹配的决定因素。

从融资渠道的发生率来看，非正规借贷是农户获得借款资金的主要渠道，无息或低息非正规借款在非正规借贷中占绝对优势；从借贷用途来看，无息或低息非正规借款主要用于消费，高息非正规借款和正规借贷主要用于非农业生产投资。因此，现实中的农户是理性小农与道义小农的混合体；在贷款期限方面，在农户的非正规借贷中，多数没有具体还款期限，80%以上农户都表示有钱时再还；在利率上，正规金融机构的贷款利率一般在官方规定的基准利率上下浮动，利率浮动比较稳定。而与之相反，非正规金融市场中的利率差异较大，最低为无息，最高达100%以上，调查中主要以无息借贷为主，比例为77.36%；借贷中的抵押担保方面，正规借贷中担保借贷占70.56%，抵押借贷占26.74%，可见农户倾向于采用担保形式。在非正规借贷中抵押担保率极低,零息或低息非正规借贷仅有 4.21% 的借贷采用了担保,95.79% 的借贷无抵押担保。相较于零息或低息的非正规借贷,高息非正规借贷采用担保的比例显著增加,占 34.28%。在由担保抵押的借贷中,担保人通常为借款者有钱的亲戚、有声望地位的人或村干部,而房屋或者存折是常用的抵押品。

进一步,基于江苏省农村地区 1202 户农户的调查数据,采用有序多分类 Logit(OLM)模型,实证检验了不同类型借款者与不同类型贷款者借贷匹配的决定因素。研究结果表明:具有较多标准信息禀赋(生产性固定资产、金融资产、家庭年收入、参加小组联保等)的农户,能够获取正规金融机构贷款的概率较大,进而验证了正规贷款者主要依据借款者所拥有的标准信息禀赋(正规性程度)来甄别借款农户的信誉。同样,实证检验结果表明,农户社会资本(邻里关系、在村中身份、与村干部关系)并不影响正规金融的放贷选择,但对非正规金融放贷选择产生显著影响。这说明正规金融和非正规金融两种金融供给具有不同的侧重点,即正规金融趋向于具有标准信息禀赋的农户,而非正规金融趋向于具有丰富社会资本的农户。

8.1.3 农村正规金融与非正规金融之间的相互关系形成及区域变化

对正规金融与非正规金融之间相互关系的了解决定理论界和决策层对非正规金融部门的态度及应采取的政策措施,因此,系统全面地理解两者之间的关系是制定正确金融政策的关键。本书在前文研究的基础上,进一步研究了两者不同关系的实现与成因,并创新性地建立了两者的放贷选择线,由此阐述了农村二元金融结构下正规金融与非正规金融相互关系的区域变动。研究结论如下:

正规金融机构对借款者是否进行放贷主要取决于借款农户的标准信息禀赋程度,并不关注农户所拥有的社会资本水平;与之相反,非正规金融放贷者更注重农户社会资本特征。由此,通过分析正规金融放贷额度与农户标准信息禀赋特征及非正规金融放贷额度与社会资本特征指标之间的相关关系,建立两者的放贷趋势线及不同条件下的贷款区域,可得出两者的相互关系以及不同条件下两者相互关系的变动情况。

正规金融放贷趋势线为凹曲线(其中,横坐标轴为农村正规金融机构对样本农户的贷款额度，纵坐标轴为农户标准信息禀赋特征），表现为：当农户所具有的标准信息禀赋特征值较低时难以获取正规金融机构的贷款，原因在于正规金融机构放贷者考虑到可能存在的风险，认为其偿还能力较低，从而对其选择惜贷方式；当农户标准信息禀赋特征值较高时，正规金融机构对其放贷的额度并没有相应呈等量增加，其原因可能是正规金融机构对于高额贷款的信贷审核要求更高，当农户的贷款额度不断增加，相应需要对应更高的标准信息禀赋特征值。

非正规金融放贷趋势线为凸曲线（其中，坐标轴横轴为农村非正规金融对样本农户的贷款额度，纵轴为农户社会资本特征），表现为：即使在农户社会资本特征值极度低时，也能够获得非正规金融相应的借款，原因在于乡土社会中的互助精神；当农户社会资本特征值较高时，非正规金融可对其放贷的额度呈递增趋势，可能的原因是当农户社会资本特征值足够高时，可认为农户与非正规金融放贷者具有血缘关系，因此能够获取足够多的贷款金额。

通过将"正规金融与农户的借贷匹配区域"与"非正规金融与农户的借贷匹配区域"的两者图形相结合，可构建正规金融和非正规金融两者的相互关系区域。其中，正规金融放贷趋势线与非正规金融放贷趋势线交于一点，从而形成了两者相互竞争、互补、分割以及金融缺口四个区域。由于正规金融放贷趋势线及非正规金融放贷趋势线的变动导致两者相互关系的区域变动。据此，可表明非正规金融风险的爆发以及农村金融供给体系的不稳定，往往是由正规金融信贷政策或非正规金融信贷政策的频繁或过量变动造成的。当前我国正规金融市场信贷紧缩、非正规金融市场信贷扩张的情形下，我国农村金融供给市场势必会存在一定的风险。

8.1.4 农村正规金融与非正规金融联结的经验考察及制度安排

前文研究可表明正规金融和非正规金融各自具有比较优势，从而强调了两者的金融联结。

本书首先从理论上分析了农村正规金融与农村非正规金融共存结构下各个主体的决策行为和期望收益，并通过构建模型分析了金融联结中两类联结模式（水平联结和垂直联结）的信贷市场效率。研究结果表明，非正规金融部门进入信贷市场能够改善信贷市场资金配置效率，使得总体质量水平不高的潜在借款者中的高质量借款者获得其贷款满足，而拒绝对低质量借款者进行放贷。可见，正规金融与非正规金融部门间的垂直联结模式能够提高信贷市场效率，一方面正规金融可利用非正规金融的信息优势，另一方面非正规金融可从正规金融处获取低成本的资金，即论证了金融联结模式中，相较于水平联结模式，垂直联结模式下的市场效率最优。

基于以上分析，进一步讨论了垂直联结模式的实践及效应。通过江西遂川案例和云南禄劝案例可以得出评价农户信贷服务模式的关键要点：其一是农户信贷的可获性是否能够提高；其二是服务广度和服务深度能否增加或增强，即实现信贷提供机构的可持续性。

可见，正规金融与非正规金融部门间的联结合作是合理且有效的，增加了农村资金的供给，扩展了农村金融服务的边界。为此，我国应基于各国成功实践经验，通过制度创新推行金融联结，构建正规金融与非正规金融两部门并存的农村金融体系，改变正规金融机构所持有的传统观念，重视微观结构设计并基于不同地区差异来实施有效的金融联结。

既有的农村正规金融和农村非正规金融各自具有优、劣势，都不能够独立解决我国农村金融融资难问题，因此，就必须通过农村金融联结，设计出农村金融联结的激励机制及制度安排，促使正规金融的资金优势和非正规金融的信息优势更好地结合起来，既能相互促进共同发展，又能增加农村金融供给，达到多方共赢的局面。

在正规金融与非正规金融垂直联结模式中，非正规金融能够较容易获取借款者的风险偏好、信誉表现，其工作重点是筛选、监督借款者和贷款的回收，激励机制设计的原则是非正规金融要按照正规金融的利益行事，而正规金融要给予非正规金融足够的金融补偿。即农村金融联结在具体设计中，农村金融联结主体的选择、激励相容的贷款合约、奖罚机制、风险控制机制及利润分配机制至关重要。

最后，为了促进农村金融联结的实现，确定非正规金融的合法地位、对不同的农村非正规金融区别对待、构建非正规金融制度体系、建立与二元金融体系相配套的监管体系以及构建正规金融与非正规金融共享的信用体系的政策建议。

8.2 未来研究展望

农村二元金融结构问题是一个比较复杂的社会现实问题,由于本书的调查范围还不够广泛,资料的来源也较有限,上述研究并没有完全触及到该领域的所有议题。本书所做的研究是尝试性的,因此无论是观点的论述还是研究方法的采用,都存在着一定的缺陷。未来有待在以下几个方面进一步研究:

(1) 需要更广泛、更深入地进行实地调查以收集更多的一手资料,进而对上文中的论断进行更稳健的实证检验。

(2) 进一步通过实证研究分析我国市场化程度的加深、人口流动性的增加以及农村土地制度变革与户籍制度改革等对农村非正规金融产生怎样的影响,以及对农村二元金融结构下正规金融与非正规金融相互关系变动的影响。

(3) 非正规金融主要依靠的是私人契约治理机制,那么,如何通过国家实施的契约治理方式来保证非正规金融合约执行也是可以探讨的问题。

(4) 本书的研究主要是将正规金融与非正规金融纳入统一的分析框架中,探讨了两者的相互关系、效率及联结问题,未来进一步可考虑探究两者的合作共存与宏观经济的影响,包括对货币政策的影响等。

附　录

以下为本书研究过程中所采用的调查问卷，共由四部分构成。

第一部分：家庭基本情况

指标	数值
1. 户主或者家庭主要决策人性别（男=1，女=0）；兄弟姐妹个数（个）	
2. 户主年龄（周岁）	
3. 户主或者家庭主要决策人的文化程度 （未念过=0，小学=1，初中=2，高中=3，中专=4，大专=5，大学及以上=6）	
4. 户主或其他家庭成员是否为乡、村干部（含村支书、村长、村会计） （是=1；不是=0）	
5. 户主职业（注：可多选，按职业每年所占用时间由多到少排列） （A种养殖；B个体户；C本地中小企业工人；D外地打工；E其他：_____）	
6. 户主有无技术/手艺（有=1，无=0），如有，具体是（　　　　）	
7. 户主有无非农就业经历（有=1；无=0） （如有，是什么经历，如建筑、运输、服务业、工厂工人、小矿小窑等）	
8. 户主在村中地位如何 （没有地位或声望=0，一般=1，村中能人或有声望=2）	
9. 家庭人口数目（人）（注：还住在一起的，结婚已分家的不算）	
其中：正在上学人数（人）	
还未上学小孩人数（人）	
家庭伤残和慢性病人数（人）	
种地或养殖人数（人）	
打工、做生意人数（人）	

续表

指标	数值
10. 家中成员的最高文化程度是 （未念过 =0，小学 =1，初中 =2，高中 =3，中专 =4，大专 =5，大学及以上 =6）	
11. 家中是否有成员的职业为教师、医生、公务员或农技人员（是 =1，否 =0）	
12. 在村中居住时间（A 祖居；B 父辈迁入；C 本辈定居；D 流动人口）	
13. 家庭主要收入来源（注：可多选） （A 种植业；B 养殖业；C 个体工商；D 打工收入；E 其他_____）	
14. 家庭收入是否稳定 （A 很稳定；B 比较稳定；C 基本稳定；D 不稳定；E 波动较大）	
15. 邻里关系（A 非常融洽；B 比较融洽；C 关系一般；D 比较疏远；E 几乎不来往）	
16. 与村干部关系（A 非常融洽；B 比较融洽；C 一般；D 比较疏远；E 几乎不来往）	
17. 您家是否有关系较好且富裕的亲戚或朋友（有 =1，无 =0）	
18. 您家有无亲戚或熟人在农信社、邮储银行、村镇银行或贷款公司等农村金融机构工作 （有 =1，无 =0）	
19. 您家有无亲戚朋友在政府部门工作（有 =1，无 =0）	
20. 您认为您村的人（A 都很守信；B 多数守信；C 一半守信；D 少数守信；E 都不守信）	
21. 您家距离最近的信用社、邮储银行、村镇银行和小贷公司的距离（千米）	
22. 镇上农信社、邮储银行、村镇银行、小贷公司、互助社网点总个数（个）	

第二部分：2011 年家庭资产及收支情况

指标	数值
1. 耕地面积（亩）	
2. 房产：宅基地面积（平方米）（注：可填几分地，回折算）	
房屋结构（1 平房，2 楼房）	
总建筑面积（平方米）	
其中：生产性用房面积（平方米）	
3. 2011 年末家庭拥有的总储蓄额（元）	
其中：存在农信社、农合/商行（元）	
存在邮政储蓄（元）	
存在农业银行（元）	
存在资金互助社（元）	
存在村镇银行（元）	
4. 2011 年末家庭持有的现金总数（不包括银行存款）（元）	

续表

指标	数值	
5. 其他资产	数量	现值估价（元）
彩电		
冰箱		
摩托车		
微波炉		
洗衣机		
手机		
卡车		
拖拉机		
三轮车		
收割机		
其他_____		

6. 2011 年家庭毛收入情况

其中：种植业（注：产量包括农户自己消费部分）

小麦产量_____（斤），价格_____（元/斤）

水稻产量_____（斤），价格_____（元/斤）

玉米产量_____（斤），价格_____（元/斤）

(　　) 产量_____（斤），价格_____（元/斤）（例如：水果、花卉、苗木等）

养殖业（注：在养殖种类上打钩，如鸡√；问多少钱一斤，一只一般几斤，列算式，回算）

鸡/鸭/鹅/猪/牛_____（只），市价_____（元/只）

蚕_____（平方米），市价_____（元/平方米）

水产_____（斤），市价_____（元/斤）

打工收入（元）	_____
人情往来（婚丧嫁娶、收礼）收入（元）	_____
财产性收入（租金、股息、红利、利息等）（元）	_____
个体经营（即做生意）毛收入（元）	_____
家庭成员工资收入（元）	_____
其他_____（如子女支付的养老金、农业补贴等）（元）	_____

7. 2011 年家庭支出，其中：

生产投资支出：

A 种植业支出（包括买种子、化肥、农药、水费、租用机器等）_____元

续表

B 养殖业支出（包括买幼崽、饲料、租厂房、水塘等）_____元

C 个体经营（做生意）支出_____元

D 其他生产投资支出_____元

生活消费支出：

A 食物支出_____元

B 买衣服支出_____元

C 小孩上学支出_____元

D 看病买药支出_____元

E 人情往来支出（婚丧嫁娶、送礼）_____元

F 建（购、修）房_____元

G 购买车、冰箱等生活耐用品支出_____元

H 其他支出（_____）_____元

第三部分：农户融资偏好

指标	数量
1. 在经济条件变差的情况下，您的家庭一般减少哪方面的支出？ A 食物支出 B 衣服支出 C 看病买药支出 D 小孩上学支出 E 人情往来支出 F 种养殖农业生产经营支出 G 经商等其他投资支出	（注：按最先减少、其次较少的顺序依次排列）
2. 当您家需要借款时，您家通常考虑的融资顺序依次是 A 亲戚、邻居、朋友或熟人 B 信用社/农合行/农商行 C 村镇银行 D 小贷公司 E 农村资金互助社 F 放贷人（利率较高） G 其他（_____）	（注：按优先顺序依次排列）

续表

指标	数量
3. 您通过以下各渠道借款的频率 　　A 亲戚、邻居、朋友或熟人_____（次/年） 　　B 信用社/农合行/农商行_____（次/年） 　　C 村镇银行_____（次/年） 　　D 小贷公司_____（次/年） 　　E 农村资金互助社_____（次/年） 　　F 放贷人（利率较高）_____（次/年） 　　G 其他（_____）_____（次/年）	
4. 2009 年以来，您家是否向正规金融机构申请过贷款　否=0；是=1（跳至6）	
5. 未申请贷款的最主要原因（单选）：A 不需要贷款；B 利息高；C 手续麻烦，花时间；D 找不到担保人；E 担心还不起；F 贷款额度太小不能满足需求；G 不知道贷款手续；H 没有符合要求的抵押物；I 担心抵押物拿不回来；J 不喜欢负债的感觉；K 银行太陌生，害怕去；L 其他_____	
6. 申请金额为_____元，实际借得金额为_____元（继续7，并填写4.1）	
7. 2009 年以来，您家是否向亲戚、朋友、熟人或放贷人等非正规机构借过钱？否=0　（跳至9）；是=1（继续8）	
8. 需要借款金额为_____元，实际借得金额为_____元（继续9，并填写4.2）	
9. 2009 年以来，您家是否借过钱给别人　否=0；是=1（继续10）	
10. 别人原本打算向您家借_____元，实际借给金额为_____元（填写4.3）	

第四部分：农户借贷情况

（注：如果第三部分4、7、9都为否，则该部分不需要填写）

4.1 正规金融，包括：信用社、农合行、农商行、贷款公司、村镇银行及农村资金互助社

指标	指标值
1. 未获得或未全额获得贷款的最主要原因是 　　A 没有抵押品 　　B 没有担保人 　　C 信贷员认为我家穷，可能还不了款 　　D 没有关系人借不到钱 　　E 其他_____	（注：申请但未获得贷款的填）

续表

指标	指标值
2. 贷款来源 　　A 信用社/农合行/农商行 　　B 村镇银行 　　C 小贷公司 　　D 农村资金互助社 　　E 其他正规金融机构_____	
3. 贷款类型 　　A 小额信用贷款 　　B 农户联保贷款 　　C 教育助学贷款 　　D 抵押贷款 　　E 担保公司担保贷款 　　F 扶贫小额贷款 　　G 其他_____	
4. 借款时用何抵押、担保 　　A 房屋 　　B 机械等其他固定资产 　　C 存单 　　D 农产品 　　E 其他抵押品_____ 　　F 亲戚朋友担保 　　G 担保公司担保 　　H 没有抵押担保 　　I 其他担保_____	
5. 从申请贷款到获得贷款一般需要_____（小时或天）； 因贷款产生的交通费约为_____元，找关系送礼花费约_____元， 申请贷款的其他费用还有_____，约为_____元。	
6. 贷款利率_____（月息%）；和期限_____（月）	

续表

指标	指标值
7. 贷款用途 　A 种养殖投入 　B 非农生产或投资（如个体工商经营、搞运输等） 　C 购买生活消费品（吃、喝、穿，及耐用消费品） 　D 教育 　E 医疗 　F 购、建房 　G 婚丧嫁娶 　H 偿还债务 　I 其他_____	
8. 是否到期按时归还贷款　　是 = 1；否 = 0（跳至10）	
9. 还款的来源是 　A 打工收入 　B 种养业收入 　C 个体经营收入 　D 其他生产投资收入_____ 　E 借款	
10. 未能按时还款的原因是 　A 近几年农产品价格下降，难卖 　B 农业生产资料价格上升 　C 外出打工难挣钱 　D 牲畜生病或死亡 　E 家庭劳动力不足 　F 使用了不好的农业生产资料（农药，化肥等） 　G 家庭成员生病或发生事故 　H 小孩教育费用上涨 　I 其他_____（例如，生产投资项目失败）	

续表

指标	指标值
11. 当您没有足够的收入用于还款，可能会采取怎样的应对措施？ A 从别处借钱还；B 从家用中节省还；C 放弃生产投资项目，回笼资金还款； D 推迟还款；E 拖欠不还；F 其他_____	
12. 信用社有没有在你们村开展信用等级评估（注：目前农信社搞惠民工程，普遍开展阳光授信）（有 = 1，转至 13 题；没有 = 0，转至 14 题）	
13. 总的信用等级分_____等，你的等级是_____，你的信用额度是_____（元）	
14. 你是否参加小组联保？（是 = 1；否 = 0，转至 15 题） 如是，你的联保小组成员的大多数和你是什么关系？ A 经济条件较好的人；B 信誉较好的人；C 熟悉的朋友；D 亲戚； E 邻居；F 其他_____ 当小组成员有困难时，你是否愿意为其还款？（愿意 = 1；不愿意 = 0）	
15. 没有参加小组联保的原因是什么？ A 联保小组太难组织，耽误贷款时间 B 担心联保小组的人不讲信用连累自己 C 单独申请贷款比较容易，没必要参加 D 其他（说明_____）	

4.2 非正规金融★借入钱的农户

1. 您与借钱给您的人的关系是	A 亲戚；B 朋友、同村熟人；C 熟人介绍刚认识；D 民间放贷人；E 其他民间借贷组织_____
2. 借钱给您的人家庭毛收入约为_____万元/年	
3. 借钱给您的人家庭经济条件较您家	A 更好；B 相当；C 没您家好
4. 您开始借钱到拿到钱一般要多久	_____ ~ _____天
5. 您借款的用途是	A 种养殖投入；B 非农生产或投资（如个体工商经营、搞运输等）；C 购买生活消费品（吃、喝、穿，及耐用消费品）；D 教育；E 医疗；F 购、建房；G 婚丧嫁娶；H 偿还债务；I 其他_____
6. 是否付利息，是的话利率一般为多少？	是 = 1（_____）；否 = 0

续表

7. 是否规定还款期，是的话，一般为多久？（月）	是 =1 (_____)；否 =0
8. 是否有抵押，有的话一般用什么抵押（A 房屋；B 机械等其他固定资产；C 存单；D 农产品；E 其他抵押品_____)	是 =1 (_____)；否 =0
9. 是否有借款字据	是 =1；否 =0
10. 是否有担保人，如有是什么人？	是 =1 (_____)；否 =0
11. 借款是否还清？	是 =1；否 =0
12. 借款一般用什么收入来还？	A 打工收入 B 种养殖业收入 C 个体经营收入 D 其他生产投资收入_____ E 再借款
13. 是否出现过不能按时还款的情况？	是 =1；否 =0
14. 如果不能按时还款，怎么办？	A 借钱还；B 协商还款期限；C 先还一部分，剩余慢慢还；D 拖欠不还；E 其他_____
15. 出现不能按时还款情况时，您的债权人会采取哪些措施？	A 诉诸法律；B 请人讨债；C 协商解决；D 不再借；E 诋毁声誉

4.3 非正规金融★借出钱的农户

1. 借钱人与您家是什么关系？	A 亲戚；B 朋友、同村熟人；C 熟人介绍刚认识；D 其他_____
2. 向您家借钱的人家庭毛收入约为_____万元/年	
3. 向您家借钱的人家庭经济条件较您家	A 更好；B 相当；C 没您家好
4. 借款人是否将借款用于指定用途	A 是；B 否；C 不确定
5. 借款用途是：	A 种养殖投入；B 非农生产或投资（如个体工商经营、搞运输等）；C 购买生活消费品（吃、喝、穿、及耐用消费品）；D 教育；E 医疗；F 购、建房；G 婚丧嫁娶；H 偿还债务；I 其他_____
6. 如果您认为借款人没有偿还能力，还会借给他吗？	不会 =0；会 =1（因为关系好）
7. 别人开口借钱到你把钱给他一般时隔多久？_____~_____天	

续表

8. 您借款一般是否规定其还款期限		A 是； B 否
	A1 是的话，还款期限如何规定，一般为多久？	_____个月
	B1 不规定期限的话，一般会在什么时间范围内还款	_____~_____个月以内
9. 您是否会收取利息？	A 是； B 否	
	A1 利率范围一般是？	最高：_____最低：_____
	A2 利率决定依据是？	A 银行利率；B 关系好坏；C 风险大小；D 其他_____
	B1 不收利息的原因是	A 关系好不愿收；B 金额小利息少；C 熟人不好意思；D _____
10. 您们是否有借款合同、借据、证明人等借款依据？		A 有；B 没有；C _____
11. 您是否要求抵押或者质押？		A 是（具体_____）；B 否；C 最好有
12. 钱借出后，您是否会关注借款人的经营状况、还款能力？		A 是；B 否
	A1 通过什么方式？	A 通过熟人了解；B 直接问借款人；C 其他_____
13. 这些借款（到期）都还清了吗？		A 是；B 否
	B1 如果没有，未还款项占总借款额比重约为%	_____%
	B2 违约损失是否影响了您的日常生活生产条件	A 是；B 否
14. 如果借款人延期偿还或者赖账，您将		A 诉诸法律；B 请人讨债；C 协商解决；D 不再借；E 诋毁声誉；F 看情况，区别对待

参考文献

[1] Ackerberg D, Botticini M. Endogenous Matching and the Empirical Determinants of Contract Form [J]. Journal of Political Economy, 2002, 110 (3): 564–591.

[2] Adams D, Fitchett D. Informal Finance in Low Income Countries [M]. West View Press, Boulder Co., 1992.

[3] Akerlof G A. The Market for "Lemons": Quality Uncertainty and the Market Mechanism [J]. The Quarterly Journal of Economics, 1970, 84 (3): 488–500.

[4] Allen Franklin, Anthony Santomero. The Theory of Financial Intermediation [J]. Journal of Banking and Finance, 1997, 21: 1461–1486.

[5] Aleem I. Imperfect Information, Screening and The Costs of Informal Lending: A Study of A Rural Credit Market in Pakistan [J]. The World Bank Economic Review, 1990, 4 (3): 329–349.

[6] Anjini, Kochar. An Empirical Investigation of Rationing Constraints in Rural Credit Markets in India [J]. Journal of Development Economics, 1997, 53 (2): 339–371.

[7] Anders Isaksson. The Importance of Informal Finance in Kenyan Manufacturing [J]. Statistics and Information Networks Branch of UNIDO, Working Paper, 2002.

[8] Ayyagari, Demirguc-Kunta, Makaimovicv. Formal Versus Informal Finance: Evidence from China [J]. World Bank Policy Research, Working Paper, 2007.

[9] Ayyagari Demirguc-Kunta, Maksimovicv. Formal Versus Informal Finance:

Evidence from China [J] . World Bank Policy Research, Working Paper, 2007.

[10] Banerjee Besley, Guinnane. Thy Neighbor's Keeper: The Design of a Credit Cooperative with Theory and a Test [J] . The Quarterly Journal Economics, 1994, 109 (5) .

[11] Becker G S. A Theory of Marriage: Part I [J] . The Journal of Political Economy, 1973, 81 (4): 813 – 846.

[12] Bell Clive. Interactions between Institutional and Informal Credit Agencies in Rural India [J] . World Bank Economic Review, 1990 (4): 297 – 327.

[13] Berger Allen N, Udell Gregory F. Small Business Credit Availability and Relationship Lending: The Importance of Bank Organizational Structure [J] . The Economic Journal, 2002 (112): 32 – 53.

[14] Besley, T. Non – market Institutions for Credit and Risk in Low – Income Countries [J] . The Journal of Economic Perspectives, 1995, 9 (3): 115 – 127.

[15] Besley T, Coate S. Public provision of private goods and the redistribution of income [J] . The American Economic Review, 1991, 81 (4): 979 – 984.

[16] Binswanger H P, Khandker S R. Rural Informal Credit Markets and The Effectiveness of Policy Reform [M] . FAO, 1995.

[17] Braverman A, Guash J L. Rural Credit Markets and Institutions in Developing Countries: Lessons for Policy Analysis from Practice and Modern Theory [J] . World Development, 1986, 14 (10 – 11): 1253 – 1267.

[18] Burdett K, Coles M. Long Term Partnership Formation: Marriage and Employment [J] . Economic Journal, 1999, 109 (45): 307 – 334.

[19] Calomiris C W, Rajaraman I. The Role of ROSCAs: Lumpy Durables or Event Insurance? [J] . Journal of Development Economics, 1998 (56): 207 – 216.

[20] Chakrabarty D, Chaudhuri A. Formal and Informal Sector Credit Institutions and Interlink Age [J] . Journal of Economic Behavior and Organization, 2001 (46): 313 – 325.

[21] Conning J, Udry C. Chapter 56 Rural Financial Markets in Developing Countries [J] . Handbook of Agriculture Economics, 2007 (3): 2867 – 2908.

[22] Crawford V, Knower E. Job Matching with Heterogeneous Firms and Workers [J]. Econometrica, 1981, 49 (2): 437–450.

[23] Dasgupta B. Capital Accumulation in the Presence of Informal Credit Contracts: Does the Incentive Mechanism Work Better than Credit Rationing Under Asymmetric Information? [J]. University of Connecticut Working Paper, Department of Economics, 2004a.

[24] Dasgupta B. Credit Rationing and Endogenous Growth in the Presence of Informal Credit Markets [M]. Draft, University of Connecticut. Department of Economics, 2004b.

[25] Dell' Ariccia G, Marquez R. Information and Bank Credit Allocation [J]. Journal of Financial Economics, 2004, 72 (1): 185–214.

[26] Diagne A. Determinants of Household Access to and Participation in Formal and Informal Credit Markets in Malawi [J]. Food Consumption and Nutrition Division Discussion Paper, No. 67, May 1999.

[27] Diamond D W, Rajan R G. Liquidity Risk, Liquidity Creation and Financial Fragility: A Theory of Banking Mimeo [M]. University of Chicago, 1998.

[28] Diamond D W. Financial Intermediation and Delegated Monitoring [J]. The Review of Economic Studies, 1984, V51 (3): 393–414.

[29] Floro M S, Ray D. Vertical Links between Formal and Informal Financial Institutions [J]. Review of Development Economics, 1997, 1 (1): 34–56.

[30] Floro M S, Yotopoulos P. Incentive Structures in Rural Financial Intermediation: The case of the Philippines [A]. World Bank Agricultural Policy Division Working Papers, 1992.

[31] Floro S L, Yotopoulos P A. Informal Credit Markets and the New Institutional Economics: The Case of Philippine Agriculture [M]. Westview Press, 1991.

[32] Fly M J. Money, Interest and Banking in Econimic Development [M]. Baltimore: John Hopkins University Press, 1995.

[33] Foltz J D. Credit Market Acess and Profitability in Tunisian Agriculture [J]. Agricultural Economics, 2004.

[34] Freixas X, Rochet J C. Microeconomics of Banking [M]. The MIT Press, 1997.

[35] Fried J, Howitt P. Credit rationing and implicit contract theory, Journal of Money [J]. Credit and Banking, 1980, 12 (3): 471-487.

[36] Fuentes G A. The Use of Village Agents in Rural Credit Delivery [J]. The Journal of Development Studies, 1996, 33 (2): 188-209.

[37] Gajanan Joshi M. Access to Credit by Hawkers: What is Missing? Theory and Evidence From India [A]. Unpublished Ph. D. Dissertation, Columbus. Ohio: The Ohio State University, 2005.

[38] Gan L, Mosquera R. An Empirical Study of the Credit Market with Unobserved Consumer Types [J]. NBER Working Paper No. 13873, 2008.

[39] Gan L, Huang F, Mayer A. A Simple Test of Private Information in the Insurance Markets with Heterogeneous Insurance Demand [J]. NBER Working Paper No. 16738, 2011.

[40] Ghate P. Informal Finance: Some Findings from Asia [M]. Hong Kong: Oxford University Press, 1992.

[41] Ghatak M, Guinnane T W. The Economics of Lending with Joint Liability: Theory and Practice [J]. Journal of Development Economics, 1999, 60 (1): 195-228.

[42] Ghosh P, Ray D. Information and Enforcement in Informal Credit Markets [M]. Working Paper of Boston University-Institute for Economic Development, 1999.

[43] Greene W. Econometric Analysis 4th edition [M]. New Jersey: Prentice Hall, 2000.

[44] Greenwood J, Jovanovic B. Financial Development, Growth and the Distribution of Income [J]. Journal of Political Economy, 1990, 98 (5): 1076-1107.

[45] Hellmann H, Murdock K, Stiglitz J E. Financial Development and Economic Growth: Theory and Experience from Developing Countries [M]. Psychology Press, 1996.

[46] Hellmuth M, John G R. Signaling in Credit Markets [J]. The Quarterly

Journal of Economics, 1988, 103 (1): 101 – 129.

[47] Hoff, Stiglitz. Moneylenders and bankers: Price – increasing Subsidies in a Monopolistically Competitive Market [J]. Journal of Development Economics, 1997 (52): 429 – 462.

[48] Hoff K, J E Stiglitz. Some Surprising Analytics of Rural Credit Subsidies [M]. Mimeo Department of Economics, University of Maryland, 1994.

[49] Isaksson A. The Importance of Informal Finance in Kenyan Manufacturing [J]. SIN Working Paper Series, 2002, No. 5.

[50] Jaffee D M, Russell T. Imperfect Information, Uncertainty and Credit Rationing [J]. The Quarterly Journal of Economics, 1976, 90 (4): 651 – 666.

[51] Jain S. Symbiosis vs. Crowding – out: the Interaction of Formal and Informal Credit Markets in Developing Countries [J]. Journal of Development Economics, 1999 (59): 419 – 444.

[52] Joseph E S, Andrew W. Credit Rationing in Market with Imperfect Information [J]. The American Economic Review, 1981, 71 (7): 393 – 410.

[53] Joseph E S. Peer Monitoring and Credit Market [J]. World Bank Economic Review, 1990: 351 – 366.

[54] Kellees Tsai. Imperfect Substitutes: The Local Political Economy of Informal Finance and Microfinance in Rural China and India [J]. World Deveolpment, 2004, 32 (9): 1489 – 1507.

[55] Kochar A. An Empirical Investigation of Rationing Constraints in Rural Credit Markets in India [J]. Journal of Development Economics, 1997, 53 (2): 339 – 371.

[56] Kurup T V N. Price of Rural Credit: An Empirical Analysis of Kerala [J]. Economic and Political Weekly, 1976.

[57] La Porta R, F Lopez – de – Silanes A. Shleifer and R. Vishny. Legal Determinants of External Finance [J]. Journal of Finance, 1997 (52): 1131 – 1150.

[58] Leland H, Pyle D. Information Asymmetries, Financial Structure and Firm Intermediation [J]. Journal of Finance, 1977, 32 (2): 371 – 387.

[59] Levine R. Financial Development and Economic Growth: Views and Agenda [J]. IMF Working Paper, 1996.

[60] Li H. Assortative Matching [M]. New Palgrave Dictionary of Economics, 2008.

[61] Liao T. Interpreting Probability Models: Logit, Probit and Other Generalized Linear Models [M]. California: Sage Publications, 1994.

[62] Maria Pagura, Marie Kirsten. Formal – informal Financial Linkages: Lessons form Developing Countries [M]. Small Enterprise Development, 2006.

[63] McKinnon R I. Money and Capital in Economic Development [M]. Washington, DC: The Brookings Institution, 1973.

[64] Meyer R, Nagarajan G. Rural Financial Market Asia: Flagships and Failures, Paper Presented at the Mini – symposium on Building Financial Markets in Developing Countries for Tomorrow's Agriculture: Status, Reforms and innovations [A]. Berlin, Germany, 2000.

[65] Milde H, Riley J. Signaling in Credit Market [J]. Quarterly Journal of Economics, 1988, 103 (1): 101 – 129.

[66] Mohieldin M S, Wright P W. Formal and Informal Credit Markets in Egypt [J]. Economic Development and Cultural Change, 2000, 48 (3): 657 – 670.

[67] Nagarajan G, Meyer R L, Hushak, L J. Segmentation in the Informal Credit Markets: The Case of the Philippines [J]. Agricultural Economics, 1995, 12 (2): 171 – 181.

[68] Nisbet. The Realtionship between Institutional and Informal Credit Markets in Rural Chile [J]. Land Economics, 1969, 5 (45): 162 – 173.

[69] Pishke J D, Adams D W, Donald G. Rural Financial Markets in Developing Countries [M]. Baltimore, US: The Johns Hopkins University Press, 1983.

[70] Puhazhendhi V. Transaction Costs of Lending to the Rural Poor: Non – governmental Organisations and Self – help Groups of the Poor as Iintermediaries for Banks in India [M]. Brisbane, Australia: Foundation for Development Cooperation, 1995.

[71] Ray D, Sengupta K. Interlinkages and the Pattern of Competition [M]. P

Bardhan. The Economic Theory of Agrarian Institutions. Oxford: Oxford University Press, 1989.

[72] Ray D. Deveolpment Economics [M]. Princeton University Press, 1998.

[73] Roe A R. Financial Systems and Development in Africa. Conference Report of an FDI Policy Semina, Nairobi, 1990.

[74] Rothschild M, Stiglitz J. Equilibrium in Competitive Insurance Markets: An Essay on the Economics of Imperfect Information [J]. The Quarterly Journal of Economics, 1976, 90 (4): 629 – 649.

[75] Rubin D B. Estimating causal effects of treatments in randomized and nonrandomized studies [J]. Journal of Educational Psychology, 1974, 66 (5): 688 – 701.

[76] Sanchez – Schwarz S. Assortive Matching of Borrowers and Lenders: Evidence from Rural Mexico [A]. Unpublished Ph. D. Dissertation. Columbus, Ohio: The Ohio State University, 1996.

[77] Shaw E. Financial Deeping in Economic Development [M]. Oxford University Press, 1973.

[78] Shimer R, Smith L. Assortative Matching and Search [J]. Econometrica, 2000, 68 (2): 343 – 369.

[79] Smith L E D, Stockbridge M, Lohano H R. Facilitating the Provision of Farm Credit: The Role of Interlocking Transactions Between Traders and Zamindars in Crop Marketing System in Sindh [J]. World Developmet, 27 (2): 403 – 418.

[80] Spence M. Competitive and Optimal Responses to Signals: An Analysis of Efficiency and Distribution [J]. Journal of Economic Theory, 1974, 7 (3): 296 – 332.

[81] Stiglitz J, Weiss A. Credit Rationing in Markets with Imperfect Information [J]. The American Economic Review, 1990, 71 (3): 393 – 410.

[82] Stiglitz J. Formal and Informal Institutions [J]. Social Capital: A Multifaceted Perspective, 2000.

[83] Taylor L. Structuralist Macroeconomics: Applicable Models for the Third World [M]. New York: Basic Books, 1983.

[84] Tsai K S. Imperfect substitutes: The Local Political Economy of Informal Finance and Microfinance in Rural China and India [J]. World Development, 2004, 32 (9): 487 – 507.

[85] Udry C. Risk and Insurance in a Rural Credit Market: An Empirical Investigation in Northern Nigeria [J]. Review of Economic Studies, 1994, 61 (3): 495 – 526.

[86] Varghese A. Bank – Moneylender Credit Linkages: Theory and Practice [J]. Bush School Working Paper, 2004, No. 415.

[87] Williamson S D. Financial Intermediation, Business Failures and Real Business Cycles [J]. The Journal of Political Economy, 1987, 95 (6): 1196 – 1216.

[88] Wiseman T. Reputation and Exogenous Private Learning [J]. Journal of Economic Theory, 2009, 144 (3): 1352 – 1357.

[89] Yaron J. What Makes Rural Finance Institutions Successful? [J]. The World Bank Research Observer, 1994, 9 (1): 49 – 70.

[90] Zhang Gui bin. The Choice of Formal or Informal Finance: Evidence from Chengdu [J]. China Economic Review, 2008, 19 (4): 659 – 678.

[91] Zhu Xi, Zi Naili. Heterogeneous Impact of Farmer Credit: An Empirical Investigation Based on IVQR Model [J]. Systems Engineering Theory & Practice, 2007, 27 (2): 68 – 75.

[92] 爱德华·S. 肖. 经济发展中的金融深化 [M]. 上海: 上海三联书店, 1988.

[93] 贝克尔. 家庭论 [M]. 北京: 商务印书馆, 1998.

[94] 北京大学中国经济研究中心宏观组, 王琅. 2006 年农村家庭借贷情况调查研究 [J]. 金融研究, 2007 (11): 103 – 117.

[95] 程郁, 韩俊, 罗丹. 供给配给与需求压抑交互影响下的正规信贷约束: 来自 1874 户农户金融需求行为考察 [J]. 世界经济, 2009 (5): 73 – 82.

[96] 褚保金, 卢亚娟, 张龙耀. 信贷配给下农户借贷的福利效果分析 [J]. 中国农村经济, 2009 (6): 51 – 61.

[97] 程漱兰. 中国农村发展: 理论和实践 [M]. 北京: 中国人民大学出

版社, 1999.

[98] 崔百胜. 非正规金融与正规金融: 互补还是替代?——基于 DSGE 模型的相互作用机制研究 [J]. 财经研究, 2012, 38 (7): 121-132.

[99] 杜朝运. 制度变迁背景下的农村民间金融研究 [J]. 农业经济问题, 2001 (3): 23-27.

[100] 费孝通. 乡土中国、婚育制度 [M]. 北京: 北京大学出版社, 1998.

[101] 费孝通. 乡土中国 [M]. 北京: 人民出版社, 2008.

[102] 冯庆水, 王伟. 我国农村金融体制运行中存在的主要问题 [J]. 学术界, 2010 (2): 192-197, 288.

[103] 冯兴元, 何梦笔, 何广文. 试论中国农村金融的多元化——一种局部知识范式视角 [J]. 中国农村观察, 2004 (5): 17-29, 59-79.

[104] 葛永波, 周倬君, 马云倩. 新型农村金融机构可持续发展的影响因素与对策透视 [J]. 农业经济问题, 2011, 35 (12): 48-54, 111.

[105] 高新波, 张军田. 金融抑制还是信息优势——重论非正规金融的存在根源 [J]. 商场现代化, 2006 (11): 162.

[106] 高晓红. 非均衡区域经济格局中的货币政策 [J]. 金融理论与实践, 2001 (6): 6-9.

[107] 高艳. 我国农村非正规金融的绩效分析 [J]. 金融研究, 2007 (12): 242-246.

[108] 郭斌, 刘曼路. 民间金融与中小企业发展: 对温州的实证分析[J]. 经济研究, 2002 (10): 40-46, 95.

[109] 郭峰, 胡金焱. 农村二元金融的共生形式研究: 竞争还是合作——基于福利最大化的新视角 [J]. 金融研究, 2012 (2): 102-112.

[110] 郭于华. "道义经济"还是"理性小农"重读农民学经典论题[J]. 读书, 2002 (5): 104-110.

[111] 郭沛. 中国农村非正规金融规模估算 [J]. 中国农村观察, 2004 (2): 21-25.

[112] 郭梅亮, 徐璋勇. 农村非正规金融组织演变、规模与政策选择[J].

金融理论与实践，2011（3）：8-12.

[113] 韩俊. 中国农村金融调查[M]. 上海：上海远东出版社，2009.

[114] 何广文. 从农村居民资金借贷行为看农村金融抑制与金融深化[J]. 中国农村经济，1999（10）：42-48.

[115] 何广文，冯兴元，李莉莉. 农村信用社制度创新模式评析[J]. 中国农村经济，2003（10）：37-43.

[116] 贺莎莎. 农户借贷行为及其影响因素分析——以湖南省花岩溪村为例[J]. 中国农村观察，2008（1）：39-50，80-81.

[117] 胡金焱，李永平. 正规金融与非正规金融：比较成本优势与制度互补[J]. 东岳论丛，2006（2）：115-119.

[118] 胡金焱，卢立香. 中国非正规金融研究的理论综述[J]. 教学与研究，2005（9）：75-81.

[119] 胡士华，卢满生. 信息、借贷交易成本与借贷匹配——来自农村中小企业的经验证据[J]. 金融研究，2011（10）：100-111.

[120] 胡士华. 农村非正规金融发展问题研究[M]. 成都：西南大学论文，2007.

[121] 胡炳志. 中国金融制度重构研究[M]. 北京：人民出版社，2003.

[122] 黄祖辉，刘西川，程恩江. 贫困地区农户正规信贷市场低参与程度的经验解释[J]. 经济研究，2009，44（4）：116-128.

[123] 黄宗智. 长江三角洲的小农家庭与乡村发展[M]. 北京：中华书局，1992.

[124] 黄宗智. 华北的小农经济与社会变迁[M]. 北京：中华书局，2000.

[125] 金烨，李宏彬. 非正规金融与农户借贷行为[J]. 金融研究，2009（4）：63-79.

[126] 江曙霞，等. 中国民间信用——社会·文化背景探析[M]. 北京：中国财政经济出版社，2003.

[127] 姜旭朝. 中国民间金融研究[M]. 济南：山东人民出版社，1996.

[128] 姜旭朝，丁昌锋. 民间金融理论分析：范畴、比较与制度变迁[J].

金融研究, 2004 (8): 100-111.

[129] 蒋永穆, 纪志耿. 农户借贷过程中信任机制的构建——一种基于完全信息动态博弈模型的分析 [J]. 四川大学学报（哲学社会科学版）, 2006 (1): 5-9.

[130] 李富有, 匡桦. 隐性约束与非正规金融市场融资——基于借款人选择的解释 [J]. 南开经济研究, 2010 (2): 140-152.

[131] 李建军, 等. 中国地下金融规模与宏观经济影响研究 [M]. 北京: 中国金融出版社, 2005.

[132] 李伟毅, 胡士华. 农村民间金融：变迁路径与政府的行为选择 [J]. 农业经济问题, 2004 (11): 28-31, 79.

[133] 李静. 农村金融发展和改革的地区差别 [J]. 中国农村观察, 2005 (6): 17-29.

[134] 李林子. 当代中国农村背景下的合会研究 [D]. 上海：复旦大学论文, 2009.

[135] 李庆海, 李锐, 汪三贵. 农户信贷配给及其福利损失——基于面板数据的分析 [J]. 数量经济技术经济研究, 2012, 29 (8): 35-48, 78.

[136] 李锐, 朱喜. 农户金融抑制及其福利损失的计量分析 [J]. 经济研究, 2007 (2): 146-155.

[137] 林毅夫. 我国金融体制改革的方向 [J]. 江苏企业管理, 2004 (8): 8-10.

[138] 林毅夫, 孙希芳. 信息、非正规金融与中小企业融资 [J]. 经济研究, 2005 (7): 35-44.

[139] 刘莉亚, 胡乃红, 李基礼, 柳永明, 骆玉鼎. 农户融资现状及其成因分析——基于中国东部、中部、西部千社万户的调查 [J]. 中国农村观察, 2009 (3): 2-10, 94.

[140] 刘民权, 徐忠, 俞建拖. 信贷市场中的非正规金融 [J]. 世界经济, 2003 (7): 61-73, 80.

[141] 刘西川, 程恩江. 贫困地区农户的正规信贷约束：基于配给机制的经验考察 [J]. 中国农村经济, 2009 (6): 37-50.

[142] 刘西川,黄祖辉,程恩江. 贫困地区农户的正规信贷需求:直接识别与经验分析 [J]. 金融研究, 2009 (4): 36-51.

[143] 刘瑜,霍学喜. 我国农村民间信贷成因及治理对策 [J]. 经济问题, 2002 (1): 38-39.

[144] 刘孝红,巴曙松. 积极财政政策下农村金融体系中政策性金融与财政的关系探析 [J]. 中央财经大学学报, 2009 (3): 19-22.

[145] 罗纳德·麦金农. 经济发展中的货币与资本 [M]. 上海:上海三联书店, 1988.

[146] 马晓青,朱喜,史清华. 农户融资偏好顺序及其决定因素——来自五省农户调查的微观证据 [J]. 社会科学战线, 2010 (4): 72-80.

[147] 米运生,戴文浪,罗必良. 金融联结的理论机理与实践绩效:文献梳理的视角 [J]. 金融理论与实践, 2011 (7): 99-103.

[148] 穆林. 中国西部地区非正规金融发展:模式选择、制度设计与政策建议 [D]. 西安:西北大学论文, 2009.

[149] 彭兴韵. 金融发展的路径依赖与金融自由化 [M]. 上海:上海人民出版社, 2002.

[150] 彭文平. 信贷市场结构与效率:一个信息经济学视角的研究 [M]. 北京:经济科学出版社, 2009.

[151] 钱水土,陆会. 农村非正规金融的发展与农户融资行为研究——基于温州农村地区的调查分析 [J]. 金融研究, 2008 (10): 174-186.

[152] 曲国庆,刘成旭. 试论农村合作基金会的发展与完善 [J]. 农业经济问题, 1996 (4): 36-38.

[153] 邵传林. 金融"新政"背景下农村资金互助社的现实困境——基于2个村的个案研究 [J]. 上海经济研究, 2010 (6): 27-35.

[154] 邵传林. 制度变迁下的中国农村非正规金融研究:自农户视角观察 [D]. 西安:西北大学论文, 2011.

[155] 史晋川,叶敏. 制度扭曲环境中的金融安排:温州案例 [J]. 经济理论与经济管理, 2001 (1): 63-68.

[156] 史清华,卓建伟. 农户家庭储蓄借贷行为的实证分析——以山西农村

203个农户的调查为例 [J]. 当代经济研究, 2003 (8): 52 – 58, 73.

[157] 世界银行. 1989世界银行发展报告: 金融体系与发展 [M]. 北京: 中国财政经济出版社, 1990.

[158] 苏士儒, 段成东, 李文靖, 姚景超. 农村非正规金融发展与金融体系建设 [J]. 金融研究, 2006 (5): 167 – 180.

[159] 汪三贵. 信贷扶贫能帮助穷人吗? [J]. 调研世界, 2001 (5): 20 – 28.

[160] 汪时珍. 农村信贷失衡、非正式信贷市场与垂直联结 [J]. 经济社会体制比较, 2006 (5): 121 – 124.

[161] 王春超. 转型时期中国农户经济决策行为研究中的基本理论假设 [J]. 经济学家, 2011 (1): 57 – 62.

[162] 王芳. 我国农村金融需求与农村金融制度: 一个理论框架 [J]. 金融研究, 2005 (4): 89 – 98.

[163] 王华峰. 非正规金融: 内涵、效率与制度安排 [J]. 金融理论与实践, 2006 (8): 47 – 49.

[164] 王曙光. 农村金融与新农村建设 [M]. 北京: 华夏出版社, 2006.

[165] 王曙光, 邓一婷. 民间金融扩张的内在机理、演进路径与未来趋势研究 [J]. 金融研究, 2007 (6): 69 – 79.

[166] 吴成颂. 农村非正规金融与正规金融联接的模式与制度安排 [J]. 农业经济问题, 2009, 30 (5): 29 – 33, 111.

[167] 武翔宇, 高凌云. 印度的小额信贷: 自助小组—银行联结 [J]. 农业经济问题, 2009 (1): 104 – 109.

[168] 武翔宇. 中国农村正规金融与民间金融关系研究 [M]. 北京: 中国农业出版社, 2008.

[169] 温铁军. 不能全靠"正规军" [J]. 中国经济信息, 2006 (9): 22.

[170] 徐璋勇, 郭梅亮. 转型时期农村非正规金融生成逻辑的理论分析——兼对农村二元金融结构现象的解释 [J]. 经济学家, 2008 (5): 68 – 76.

[171] 姚耀军, 陈德付. 中国农村非正规金融的兴起: 理论及其实证研究 [J]. 中国农村经济, 2005 (8): 45 – 51.

[172] 姚耀军. 非正规金融发展的区域差异及其经济增长效应 [J]. 财经研究, 2009, 35 (12): 129-139.

[173] 于丽红. 中国农村二元金融结构研究 [D]. 沈阳: 沈阳农业大学论文, 2008.

[174] 谢玉梅. 农村小企业融资实证分析——以江苏为例 [J]. 财经论丛 (浙江财经学院学报), 2006 (6): 54-58.

[175] 易秋霖, 郭慧. 非正式金融探析 [J]. 金融理论与实践, 2003 (3): 3-5.

[176] 叶敬忠, 朱炎洁, 杨洪萍. 社会学视角的农户金融需求与农村金融供给 [J]. 中国农村经济, 2004 (8): 31-37, 43.

[177] 余文渊. 农村合作基金会兴衰对我国农村合作金融发展的启示 [J]. 理论探讨, 2005 (5): 83-84.

[178] 中国人民银行乐山市中心支行课题组. 农村资金需求: 农村金融与民间融资——四川犍为县农村融资个案研究 [J]. 金融研究, 2005 (12): 169-176.

[179] 中国人民银行赣州市中心支行课题组. 市场分割与信贷配给: 利率市场化的体制及经济效应 [J]. 金融研究, 2006 (1): 127-138.

[180] 张海洋, 平新乔. 农村民间借贷中的分类相聚性质研究 [J]. 金融研究, 2010 (9): 69-86.

[181] 张杰. 农户、国家与中国农贷制度: 一个长期视角 [J]. 金融研究, 2005 (2): 1-12.

[182] 张杰. 中国农村金融制度: 结构、变迁与政策 [M]. 北京: 中国人民大学出版社, 2003.

[183] 张杰. 中国农村金融制度调整的绩效 [M]. 北京: 中国人民大学出版社, 2007.

[184] 张军. 改革后中国农村的非正规金融部门: 以温州为例 [J]. 中国社会科学季刊 (香港), 1997 (20) 秋.

[185] 中国人民银行广州分行课题组. 从民间借贷到民营金融: 产业组织与交易规则 [J]. 金融研究, 2002 (10): 101-109.

[186] 张翔, 邹传伟. 标会会案的发生机制 [J]. 金融研究, 2007 (11): 129-142.

[187] 张宁. 试论中国的非正式金融状况及其对主流观点的重大纠正 [J]. 管理世界, 2003 (3): 53-60.

[188] 赵晓菊, 刘莉亚, 柳永明. 正规金融与非正规金融合作会提高农户期望收益吗?——理论分析和实证检验 [J]. 财经研究, 2011, 37 (4): 4-14.

[189] 赵振宗. 正规金融、非正规金融对家户福利的影响——来自中国农村的证据 [J]. 经济评论, 2011 (4): 89-95.

[190] 郑耀群, 曾凯. 我国民间金融的发展逻辑与制度安排 [J]. 太原理工大学学报 (社会科学版), 2007 (1): 13-16.

[191] 郑路. 农户借贷视角下民间金融与正规金融关系研究 [D]. 泉州: 华侨大学论文, 2012.

[192] 朱守银, 张照新, 张海阳, 汪承先. 中国农村金融市场供给和需求——以传统农区为例 [J]. 管理世界, 2003 (3): 88-95.

[193] 朱喜, 李子奈. 我国农村正式金融机构对农户的信贷配给——一个联立离散选择模型的实证分析 [J]. 数量经济技术经济研究, 2006 (3): 37-49.

[194] 朱信凯, 刘刚. 二元金融体制与农户消费信贷选择——对合会的解释与分析 [J]. 经济研究, 2009, 44 (2): 43-55.

[195] 周业安. 金融市场的制度与结构 [M]. 北京: 中国人民大学出版社, 2005.

[196] 周立. 中国各地区金融发展与经济增长 (1978~2000) [M]. 北京: 清华大学出版社, 2004.

[197] 左臣明, 马九杰. 农村正规金融与非正规金融的联接——基于吉林梨树的实证考察 [D]. 中国人民大学工作论文, 2005.

后 记

本书是在我博士学位论文的基础上进一步修改而成的。

岁月峥嵘，漫漫求知路。博士研究生阶段学习的点滴仍历历在目，转眼间，我已在农村金融发展的研究道路上工作数余载，往后的岁月里，我亦会坚定不移地探索下去。回望初始，在本书的撰写过程中，正是身边的良师益友给予我的无私的帮助与关爱，使我拥有勇气与力量，勇敢地攻克学术道路上一个个困难与挑战。落其实者怀其树，饮其流者怀其源，在此，向那些一路陪伴我成长的人致以最诚挚的感谢与敬意！

两旬寒窗，承蒙恩师教化。感谢我的恩师张兵教授，他为人谦和，德艺双馨。他以深厚的学术造诣、广阔的国际视野与严谨的治学态度，点燃了我的学术热情，在我的科研与人生道路上给予了很多方向性的指导与无微不至的关心，使我能静心钻研，我取得的每一点点成就无一不凝聚着导师的殷殷心血与学术智慧。相见恨晚，感怀知遇之恩，导师激励着我在往后的科研工作中继续不断钻研、不断探索并始终坚守这份初心。

感谢我的南大博士后导师范从来教授，他厚德博学，格物致知。范老师以其严谨的治学态度和独特的人格魅力深深感染着我。对于科学的精神，导师用他的言行给出了诠释：有价值的思考和有理想的努力。书山有路，怀拳拳赤子之心恩重如山，我相信，这段科研经历将会对我今后的人生产生积极而深远的影响。在此，我怀着一颗虔诚的心向尊敬的老师表达最诚挚的感谢！

感谢经济管理学院和金融学院的所有老师，感谢他们授予我精深的专业知识，拓展我的学术视野。感谢何军教授和张龙耀教授对本书提出的深刻见解与诸多宝贵的修改意见，同时，感谢钟甫宁教授、林光华教授、陈东平教授、周月书教授等，使我对"小农命题"的经典理论、匹配经济学理论及金融联结等理论有了更为深入而全面的理解与应用，以更顺利地完成了本书的编写工作。另外，感谢各位同门兄弟姐妹，如王翌秋、孟德锋、王舒娟、张宁、李丹、翁辰、李祎雯、肖龙铎等，在与你们的学术研讨与交流之中，我闪现了许多写作灵感，令我深受启发，在我的博士生涯中感恩你们的一路陪伴与支持。

感谢南京农业大学金融学院和南京大学商学院为我提供了一个高端的平台和一流的科研环境，让我能在舒适的科研环境中学习与工作。感谢各院领导给予的理解与支持。

感谢"江苏农村金融发展报告"课题组收集了农户借贷行为方面的相关数据，为本书的实证分析提供了数据来源和经验依据，课题组于2012年7~8月对江苏农村苏南、苏中和苏北三个地区11个县（区）的1330户农户的融资行为进行了入户调查。总计发放1330份问卷，最终得到有效问卷1202份。调查样本具有较好的代表性，既有较发达的苏南地区，又有欠发达的苏北地区。苏南、苏中和苏北获得的样本具有显著的区域差异性，可以代表不同经济金融发展水平的农村，能够较好地反映我国农村金融的现状。感谢课题组成员在本次调研中付出的劳动与心血。

特别要感谢两地父母及家人。他们给我无私的爱，在我需要的时候，他们总是不辞辛劳地帮我料理家务、照顾小孩，使我得以安心工作和学习，他们的坚毅、宽容给了我向上的勇气。感谢我的先生沈晖，常常忍受和包容我个性中的缺点，每次都能在我最困难的时候给予我鼓励与支持，没有他的包容和理解，我很难专注于论文的写作。家人的理解、支持、帮助和鼓励永远是我奋斗的不竭动力！

本书的部分章节已发表于《江苏社会科学》《经济科学》和《农村经济》等刊物，感谢匿名审稿人提出的宝贵建议，感谢经济管理出版社责任编辑曹靖始终以严谨、负责的工作态度为本书的出版付出极大的努力与辛苦。

本书作为学术专著出版，得到了中国博士后科学基金特别资助项目（2018T110486）、国家自然科学基金青年项目（71803082）、教育部人文社科基金青年项目（18YJC790098）的联合资助，在此谨对它们致以谢意。

后记

农村二元金融结构问题是一个比较复杂的农村社会现实问题,由于本书的调查范围还不够广泛,资料的来源也较有限,本书中的研究并没有完全触及该领域的所有议题,还存在着诸多待完善之处,敬请各位专家批评指正。

最后,再次感谢所有关心、鼓励、帮助我的家人、良师、益友,我定会怀揣着你们给予我的温暖与期许,一路奋力前进,勇往直前!

刘 丹

2018 年 10 月 1 日

于南京农业大学办公室